AF493086

العنود حاصلة على بكالوريوس في الأدب من جامعة الملك سعود، وماجستير في إدارة الأعمال من جامعة الفيصل، وطالبة في جامعة Reading البريطانية في تخصص التوجيه والتغيير السلوكي، لديها بودكاست (بودكاست سحاب) متخصص في التنمية والتطوير.

الإهداء

أهدي كتابي إلى كلِّ امرأة صامدة رغم تجارب الحياة القاسية؛ تتعلَّم مِن تجاربها لِتَرتقيَ..
وتصبح نسخة أفضل مِن ذاتها.

العنود بن سعيد

بريد لَم يصل

AUSTIN MACAULEY PUBLISHERS™
LONDON • CAMBRIDGE • NEW YORK • SHARJAH

حقوق النشر © العنود بن سعيد 2024

تمتلك العنود بن سعيد الحق كمؤلفة لهذا العمل، وفقًا للقانون الاتحادي رقم (7) لدولة الإمارات العربية المتحدة، لسنة 2002 م، في شأن حقوق المؤلف والحقوق المجاورة.

جميع الحقوق محفوظة
لا يحق إعادة إنتاج أي جزء من هذا الكتاب، أو تخزينه، أو نقله، أو نسخه بأي وسيلة ممكنة؛ سواء كانت إلكترونية، أو ميكانيكية، أو نسخة تصويرية، أو تسجيلية، أو غير ذلك دون الحصول على إذن مسبق من الناشرين.

أي شخص يرتكب أي فعل غير مصرح به في سياق المذكور أعلاه، قد يكون عرضة للمقاضاة القانونية والمطالبات المدنية بالتعويض عن الأضرار.

الرقم الدولي الموحد للكتاب 9789948777557 (غلاف ورقي)
الرقم الدولي الموحد للكتاب 9789948777564 (كتاب إلكتروني)

رقم الطلب: MC-10-01-2133589
التصنيف العمري: E

تم تصنيف وتحديد الفئة العمرية التي تلائم محتوى الكتب وفقًا لنظام التصنيف العمري الصادر عن وزارة الثقافة والشباب.

الطبعة الأولى 2024
أوستن ماكولي للنشر م. م. ح
مدينة الشارقة للنشر
صندوق بريد [519201]
الشارقة، الإمارات العربية المتحدة
www.austinmacauley.ae
+971 655 95 202

مقدمة

أضع بين يديك أيها القارئ مجموعة رسائل لَم تصل إلى صاحبها، ربَّما لأنَّه لا يوجد لها صاحب واحد فقط، بل مجموعة مِن الأشخاص، فقد أصبحَت هذه الرسائل أسيرة محتجَزة في داخل درج الغرفة المظلمة، والآن آن الأوان أن تُبصِر النور لعلَّها تصل إلى أصحابها.

رسائل امرأة كلُّ ما أرادته هو أن تجد حبَّها الذي عاشت سنوات طويلة تبحث عنه، تتخيَّله، تستعدُّ له ولَم يأتِ.

نجحَت في جوانب كثيرة مِن حياتها، ولَم تنجح في العاطفة رغم حنانها وعاطفتها المتدفِّقة مِن قلبها الكبير.هل يا تُرى ستجد ما تبحث عنه؟ أم أنَّ ما تبحث عنه لا وجودَ له ولا أثر؟

الرسالة الأولى
(طريق مختصَر)

كانت ليلة تملؤها التساؤلات: هل وضعتُ كلَّ شيء أحتاجه؟! هل وضعتُ سجادة اليوغا؟! لا أعتقد، أظنُّ أنَّني نسيتُ أن أضع شمعتي المفضَّلة.

لِمَ لا أكتب جميع الاحتياجات مرَّة أخرى في ذاكرة هاتفي وقبل أن تبدأ الرحلة سأعود للتأكُّد مِمَّا تحتويه القائمة؟

كل هذه التساؤلات تأتيني وأنا مستلقِية في فراشي يُداعب الأرق مهجعي، هل هو الحماس الجديد لقضاء نهاية أسبوع في منتجع بعيد؟! أم لأنَّها نهاية أسبوع؟! أم لأنِّي أردتُ أن أبتعد عن كلِّ ما يؤرقني في العمل وربَّما العلاقات الشخصية أيضًا؟!هل تعلم أنَّ أكثر شيء أعاني منه هو الثِّقة بإحساسي؛ لأنَّني شخص يميل إلى الحساسية والعاطفيَّة، وغالبًا ما أنصِت إلى كلام الآخَرين عن أبراج الأشخاص الهوائيِّين بأنَّهم يميلون

إلى الحدس والمشاعر في اتِّخاذ قراراتهم رغم أنَّني لا أوافقهم الرأي، إلا إنَّني أجد صعوبة في تصديق حدسي لأي أمر قبل وقوعه، تحديدًا دخول شخص عالمي، وبخاصَّةٍ قلبي.مضَتِ الليلة بصعوبة، فتحتُ عيني على المنبِّه ليُوقظَني الساعة السابعة صباحًا، مُعلنًا بداية يوم مرهق لكن لذيذ.

اتَّفقتُ مع صديقتي المقرَّبة بأنَّني سألتقيها مساءً، حيث إنَّني سأنتهي مِن عملي وأمضي إلى المنتجع المنعزل الواقع أمام البحر دون المرور بالمنزل؛ فشَوقي لقضاء نهاية أسبوع بعيدة لا يُمكن التهاون به.

انتهى يوم الخميس بعد حضوري لِمَا يقارب أربعة اجتماعات طويلة ومرهقة تتخلَّلها لحظات المَلَل والقليل مِن الهروب إلى لذَّة ليلتي في سرير كبير إسفنجي، أحمل كتابي، وأتقلَّب يمينًا ويسارًا وأنا أُبحِر بتلك الحروف.رنَّ هاتفي وأنا بالطريق إلى المنتجع أسمع نغمات وأهازيج صديقتي التي هي بدورها تمتلئ شوقًا لقضاء عطلة نهاية الأسبوع معي.

نعم معي أنا، أتمنَّى ألا تعقد حاجبيكَ كما اعتدتَ أن تفعل معي في كلِّ مرَّة أحادثكَ فيها عن رأي لا يعجبكَ، وفي معظم الأحيان آرائي لا تعجبكَ، وقد يكون هو أحد أسباب الكيمياء العاطفية في علاقتي معكَ؛ لأنَّني بطبيعتي أحبُّ مَن لا يوافقني

الرأي لِيُثِيرَ مشاعري وتفكيري، ويقبل بمجادلتي كثيرًا لِنَرَى مَن ينتصر أخيرًا.

عزيزي، هل تعلم مدى الحبِّ والعاطفة التي شعرتُ بها خلال كلماتكَ، اهتمامكَ واحتوائكَ لمشاعري المتقلِّبة ومزاجيَّتي العالية؟

نتشارك في المزاجيَّة المتقلِّبة، فأنت برج الميزان، حيث تتَّصِف بالحدَّة والمزاجيَّة معًا، لطالما تحادَثنا مطوَّلًا عن اختلافات أبراجنا الهوائية، بل كانت أوَّل محادثة خاصَّة تجمعنا معًا والاستفتاحيَّة لعلاقة طريقها متَّجِه إلى الحبِّ.كان الطريق إلى المنتجع ممتعًا جدًّا، قريبًا وبعيدًا في الوقت نفسه. مررتُ بمطعم وجبات سريعة؛ لأنَّني أدركتُ بعد معزوفات بطني والعصبيَّة المفتعَلة على خرائط جوجل التي لَم أتمكَّن مِن اتِّباعها بسهولة لأنَّ آخِرِ وجبة تناولتُها كانت الساعة الثامنة صباحًا، أيضًا لا أعتقد أنَّك تعلم بتقلُّباتي المزاجية عند الوصول إلى مرحلة الجوع، وأومن بأنَّني لَم أصِل إلى مرحلة التضوُّر جوعًا؛ لأنَّني ممتلئة بك وفيك ومِن أجلك.

كنتُ أراقبك بصمت في أحد لقاءاتنا وأنت منفعِل رافضًا بسخرية لأيِّ فكرة أقترحها، تنتظر وصول أطباق العشاء في حالة تامَّة مِن الجوع.

لقد اعتدتَ أن تسألني: لماذا لا تُكملين طبقكِ؟ هل تشعرين بالخجل أمامي؟

أكتفي بالابتسامة لأنَّني لا أعلم كيف أقول إنَّني فِعليًا ممتلئة بالنَّظر إليكَ، لطالما أحببتُ النَّظر إلى عينَيك الصغيرتَين عندما تتعمَّد أن تعقد حاجبَيكَ.

وصلتُ إلى المنتجع بكلِّ سعادة ويُسر، دخلتُ الغرفة الواسعة المطلَّة على الحديقة وجانبٍ مِن البحر، وضعتُ حقيبة يدي، واستلقَيتُ على السرير بيدَين ممتدَّتَين بكلِّ انفتاح وكأنَّني أصرخ قائلة: أنا هنا أفتح قلبي لكلِّ ما هو جديد.

يبدأ النُّعاس يسيطر عليَّ لأغفوَ قليلًا محلِّقة بعيدة في سماء أحلام وخيالات بعيدة، أمتطي جوادًا أبيض يركض بخفَّة وسرعة ليذهبَ بي بعيدًا إلى تلك الطبيعة الواسعة حيث الأشجار وخرير المياه.

يقف الجواد لأنزل، تمتدُّ ساقي إلى الأسفل، وتجرُّني قدماي إلى حيث خرير الماء، أبتسم وأنا أنظر إلى انعكاسي في البحيرة الصافية، وإذا بالدَّم ينزف مِن عيني، أصُرخ، وبسرعة أغسل وجهي ولكن لا جدوى؛ الدَّم مستمرٌّ يسيل على وجنتيَّ، أفتح عيني بذعر بعد أن وجدتُ يد صديقتي تهزُّ كتفي لتقول: ماذا حلَّ بكِ؟

أعتدل بجلستي، وأبتسم رغم خوفي مِمَّا رأيتُه.. يبدأ مساؤنا بكلِّ هدوء، نشعِل تلك الشموع التي حرصتُ أن أضعَها في حقيبتي لأُحضِرها معي، نوزِّعها في شرفة الغرفة المطلَّة على الحديقة.

أنظر إلى السماء مبتسمةً، أشعر ببرودة، الهواء يحرِّك شَعري، ويُداعب وجنتَيَّ مِن شدَّته.

انتهَينا مِن ترتيب الشُّرفة، وضَعنا الموسيقى الهادئة، وقمتُ بإعداد كوب مِن الشاي الساخن لنُراقبَ النجوم ونستمتع باللحظات الصامتة، لطالما وجدتُ مقطوعة موسيقية في سكون الليل وهدوئه.تأتي إلى المنتجع صدفة في تلك الليلة، وماذا عساني أن أقول عن صدفة تجمعني بك؟!

أراكِ متجاهلة كلَّ الرسائل المبطَّنة التي وجَّهتِها لي، مكتفية بالتحديق بعينيك اللامعتين، أرى فيها ما لا يسعني مشاركته.

هل أثرتُ فضولك؟ نعم.. أعلم ذلك، ولا أقصد به فضول تلك الليلة، إنَّما فضولك في معرفة ما أقصد عندما قلت ما لا يسعني مشاركته.

أعلم بأنَّكَ تثور غضبًا عندما أتحفَّظ عن مشاركة بعض مِن التفاصيل التي أشير إليها خلال حواري، لكن أعدكَ بأنَّني لا أقصد إثارة غضبك، إنَّما هي اللحظات الأخيرة التي يتَّفق فيها

قلبي وعقلي في قرار، وهو الاحتفاظ بمشاركتي لنفسي فقط.ليلتي الأولى التي التقيتُكَ بها مِن أطول الليالي وأقصرها بالوقت ذاته، طويلة حيث الأحداث الكثيرة التي تخلَّلَت هذا اليوم، ولكن قصيرة بالوقت اللذيذ الذي قضَيتُه أمامكَ متفحِّصةً كلَّ تعبير، وكلَّ نظرة وجَّهتَها إليَّ.

كنتُ متأكِّدة بأنَّني لن أعود كالسابق بعد هذه الليلة، وإنَّما سأكون في فصل مختلف مِن فصول حياتي الفريدة في نوعها.

مضى شهر بعد لقائِنا الأول، وكلُّ ما أعلمه عنك هو أنَّكَ أثرتَ فضولي وحواسِّي جميعها، وأنا بطَبعي لا أجد ضالَّتي الممتعة إلا باستثارة جميع حواسِّي، وها هي جميع الأحاسيس ترتفع وتنخفض، وتبدأ في قرع طبولها أمام أبواب قلبي.

هل تعلَم في كلِّ مرةً تأتي صورتك في عقلي أشعر بقلبي ينقبض بشعور لذيذ، ومِن ثَمَّ أعضُّ على شفاهي بعبث وأنا أهزُّ رأسي مبعدةً تلك الصورة لأكمل يومي؟ هكذا كانت أيامي خلال شهر.

الرسالة الثانية
(لهيب الجسد)

يطول حديثنا عن محاسن برج الميزان حتَّى أصبحتَ البطل في عالمي، أصبحتُ أبحث عن توافق برجَينا وصفاتهما، وكيف يمكن التصرُّف مع أصحاب الأبراج، وكدتُ أصل إلى كيفية حلِّ المشكلات مع برج الميزان، هل تستطيع رؤية تأثيرك القوي؟لَم أعهد نفسي مِن قَبل باحثة في عالَم الفلك، وهأنا أصبحتُ أوصي بوصايا لمَن حولي كيف تتعامل مع برجها.

كانت البذرة الأولى التي زرعتَها في قلبي، وأصبحتَ تسقيها شيئًا فشيئًا وبعناية تامَّة، والأهمُّ لَم تتأخَّر عن موعد سُقيا البذرة حتَّى أصبحتِ البراعم مُثمرة، ومِن ثَمَّ اقتلعتَها ووضعتَها في مكان آخَر في ذاكرتي في عقلي، وقمت بسقايتها بعناية تامَّة أخرى إلى أن أصبحَت جذورها تتشعَّب في كلِّ خليَّة تسكنني، ولا يوجد هناك أي مَنفذ لها لمغادرتي.

البدايات دائمًا شيِّقة، مليئة بالمشاعر والنَّكهة الأولى لكلِّ شيء يحدث بيننا.

كنتَ تفاجِئني بكلِّ شيء، بكلماتك التي ترسل رسائل إلى المخِّ معلنةً إشارات ملوَّنة، وأبدأ بالتساؤل: ماذا تعني هذه الكلمة يا تُرى؟أصبحتُ أسألك عن كلِّ كلمة أسمعها لَم تجد لها مأوًى في ذاكرتي، لَم أخجل مِن سؤالك، ولَم تخجل بِدَورك مِن إجابتها، ما زلتُ أتذكَّر عندما سمعتُ منك كلمة (قفشات) المتكرِّرة التي لا يوجد معنى واضح لها، وكيف كنت تستمتع بجدارة عند استخدامها، لقد كانت متعدِّدة الاستخدامات في كثير مِن الحوارات التي نمضي بها، أصبحتُ أتحرَّى شوقًا لها بصمت، وأنفجر ضاحكة عند سماعها.

نمضي بهذه الحياة لا نعلم ماذا سيحصل، ولكن لكلِّ منَّا طريقته الخاصَّة في التعامل مع هذا التحدِّي، نعم التحدِّي بالنسبة لي الذي لا يخفى عنك.

تعلَم بأنَّني شخصية لا يمكن أن تمضي من دون تخطيط، أحبُّ وضع الخطط في حياتي حتَّى تُشعِرني بالطمأنينة، ما زلتُ أتذكَّر طلبك الأول لي: "أعلم أنَّك شخص يحبُّ التخطيط ويكره العشوائيَّة، ولكن أتمنَّى منكِ أن تتوقَّفي عن وضع أي

خطَّة في علاقتنا، دعيها تشقُّ طريقها إلى قلوبنا قبل أي خطَّة مرسومة".

رغم صعوبة الطلب إلا إنَّني تكيَّفتُ بثقل مع هذا الطلب، فكان عليَّ أن أخطِّط لأمور أخرى.

لا يَسعني سِوَى التَّخطيط، لا أستطيع المُضِيَّ من دون خريطة أو بوصلة لتقودني إلى وجهة محدَّدة.أتذكَّر جيِّدًا وأتمنَّى أن تحلِّق بذاكرتك أيضًا إلى اليوم البارد الدافئ الذي قمتُ بتخطيطه، أردتُ أن أعيشك بكلِّ التفاصيل الممكنة الساخنة اللذيذة والمشوِّقة، رسمتُ خطَّة لموعد غرامي.

أعلم ماذا تقول الآن في دواخلك: وهل الموعد الغرامي يحتاج خطَّة؟

بالنسبة لي كلُّ شيء في حياتي يحتاج إلى خطَّة تساعدني على شعور مريح أنَّني أملك المِقوَد في هذه الرحلة لنعود إلى لحظات الموعد المخطَّط، أردتُ أن أرى تعابيرك جميعها، أن تكون متفاجئًا، محتارًا، تضحك، تبتسم، وقد تعقد حاجبَيك أيضًا عند التفكير وأنت تعلَم جيِّدًا كم أحبُّ هذا التعبير تحديدًا.

رسمتُ لك طريقًا مليئًا بالألغاز، وفي نهاية كلِّ لغز ستجد المكافأة إلى أن تصل إلى المكافأة الأخيرة، وهي أنا مع هدية أحملها لك.

هل عِشنا اليوم كما تمنَّيتُه وكما رسمتُه في مخيِّلتي؟ يؤسفني أن أقول لك لا، وأنا أعلم أنَّك ستقول إنَّني أبحث عن المشكلات والكمال سَوِيًّا، لقد عِشنا يومًا جميلًا ممتعًا، ولكن في نهايته شعرتُ بوجود غصَّة داخلية.

لَم تبادلني تلك النهاية التي أريدها، بل جعلتَني أمضي قرابة الساعتين في التوسُّل بألّا تغادر ولا تجعل الليلة تنتهي هنا، وكما يحدث دائمًا تنتصر أخيرًا رغم المحاولات التي أبذلها لإقناعك، وتتركني في تلك الليلة أحاول أن أعيد كلَّ التفاصيل بذاكرتي لأفهم ماذا حدث، ولماذا حدث ذلك.

تبدأ خلافاتنا كبيرة جدًّا لتبلغ قمَّتها، ومِن ثَمَّ تعود إلى الصفر، ونمضي كأنَّ شيئًا لَم يكُن.

أعلم بأنَّك تَكره جدالي معك، ولا يعجبك ما أقوله؛ لذلك نستمرُّ بالدَّوران في كلِّ مرَّة في حلقة مفرغة، إلى أن نتوقَّف ونَقلب الصفحة.

دعني أصارحك بأنَّها لَم تكن طريقة تناسبني، إحدى الطُّرُق التي أتَّبعها لتجاوز أي صعوبات في حياتي هي مواجهتها؛ لأنِّي لا أريد أن أحمل بداخلي أيَّ بذور لن تنموَ بشكل صحيح أو إيجابي، فقد تكون نباتات سامَّة إذا لَم نتخلَّص مِن جذورها.

دعني أخبرك أنَّني في كلِّ مرَّة نعود بعد خلافنا أحترق شوقًا إلى أن أرتمي بين أحضانك، لأسمع نبضات قلبك وأشعر بدفء اللحظة، تخيِّب ظنوني وأحلامي في كلِّ المرَّات التي أحترق بها شوقًا إليك وإلى تلك اللحظة.

أرى بك ومِن خلالك العالَم كلَّه، وتراني في العالم وليس العالَم بأجمعه، ولا أستطيع لَومك يا عزيزي؛ لأنَّني أعلم تمامًا بوجود عائلتك الأولى.

أعلم بأنَّك رجل المهام الصعبة، وذلك مِن الأمور التي تجذبني إليك، وأحد المهام الصَّعبة أن تعيش في عائلتك حياة تخلو مِن الحب العاطفي، ورغم ذلك تستطيع أن تعيش وتمضي قُدُمًا.

دعني أشرح لك هذه النقطة التي لَم نتَّفق عليها خلال علاقتنا، لَم أومن بوجودي في علاقة مع رجل متزوِّج يملك حياة أخرى، بل ذلك يغرس شوك التأنيب وقلَّة الاستحقاق بداخلي، أرفض تمامًا أن أكون في هذا المثلَّث الذي لا أملك فيه أيَّ حقوق، وأعيش فقط مع ما يتبقَّى، المتبقِّي مِن وقتك، المتبقِّي مِن أولويَّاتك، المتبقِّي مِن جسدك ومِن حواسِّك بأكملها، لكن رغمًا عن هذه القناعة إلا إنَّني ضربتُ بها عرض الحائط، وحاولتُ أن أتقبَّل كلَّ ما هو متبقٍّ منك، وأعيشه بأكمل وجه.

أَلَم تلاحظ إرهاقك المستمرَّ معي وإطلاق حُكمك بأنَّني أريد كلَّ شيء، ولا أنتظر بأن يأتي لي بتلقائيَّة؟

لطالما فكَّرتُ بهذه العبارة، ولَم أجد لها مدخلًا في عقلي، إنَّك تأتيني مرهَقًا متعَبًا، تمَّ استنزافك مشاعريًّا وجسديًّا وماديًّا لأجل عائلتك، ولا تستطيع أن تمدَّني بالاحتياج الطبيعي، ولكن لا ملامةَ في ذلك، بل عارٌ عليَّ لأنَّني أعي بما يحدث ولَم أحاول الانسحاب، بل أصبحتُ أضع قوانين جديدة وكأنَّني بهذه الطريقة سأكسبك أكثر وأكثر.

احتضنتَ يدي معلنًا أنَّني مِلكٌ لك وحدك، متجوِّلًا بين أروِقة محلِّ آيكيا بحثًا عن أثاث يليق بمنزلك.

أشعر بدفء ذلك الاحتواء والحضن، بل إنَّني كنتُ شاردة الذهن أتحسَّر بأنَّ كلَّ قطعة تنظر إليها وترغب بشرائها لن تُحفَر عليها ذكرياتنا سَويًّا، وستكون مِلكًا لشخص آخَر.

بذكائك تلاحَظ حزني، تقرأ بعَيني ما لا يسعني التَّعبير به، وتكتفي بالطبطبة على قلبي ومشاعري.

أنظر إليك، أقترب منك، أشعر بحرارة قلبك وأنت محيط بيدَيك حول ظَهري مشيرًا إلى جبيني: "لماذا هناك قشور؟ دعيني أمسحها؟"

أبتسم وأنا أقول في نفسي: "التَّجميل له ضريبة، كيف يمكنني استخدام هذا المستحضَر ولقاؤك مِن غير أن تلاحظ الآثار المترتّبة على ذاك المستحضَر؟"

حلمتُ أن أكون زوجتك وشريكتك، في تلك اللحظة أصرخ مِن أعماق قلبي معلنةً أنَّك مِلكٌ لي ولا أحد يجرؤ على مشاركتي.

كم يؤلمني خيالي عندما يرسم لي صورًا أراك فيها مبتسمًا بجانب امرأة أخرى، والأجدر بالقول إنَّها امرأتك، أمٌّ لأولادك، وجدَّة أحفادك المستقبليِّين!

تأكَّد بأنَّني أُلقِي باللَّوم على مشاعري وقلبي؛ فقط لأنَّني خالفتُ مبدئي ومعتقداتي، والحياة عادلة جدًّا تأخذ بثأرها بكلِّ طريقة ممكنة، وكلُّ ما أشعر به حاليًّا هو انتقام الحياة، ليضعني أمام معتقداتي وإيماني القديم الذي لا يَصلح لي أن أتجاهله تمامًا.

منذ صغري أتخيَّل أنَّني إحدى أميرات ديزني التي ستَحظَى بفتى أحلامها، وكم كنتَ فتَى أحلامي في كلِّ مرَّة!

الشخصية القوية الحنونة التي تمتاز بالفكاهة وحبِّ الامتلاك، مطالبًا بحقوقك أكمَلها، ولن ترضى بأي أمر آخَر.

تجذبني إليك تلك القوَّة، وتستهويني الإثارة التي تلي هذه القوَّة.تقف أمامي بعد أن قلتَ لي: أعلم ما يدور بمخيِّلتكِ الآن، ممسكًا بِيَدي بشدَّة لنتَّجه إلى الغرفة الهادئة.

تغلق الباب بكلِّ هدوء، تنظر إلى عيني وأنظر إليك بصمت، لا يسعني إلا سماع طبول طبول يقرعها قلبي.

ألقي نظرة خاطفة على قلبي وكأنَّني أقول: "كفى.. أرجوك اهدأ".

تشدُّني إليك محتضنًا بقوَّة كلَّ ذرَّة أحملها في جسدي، تلتصق أجسادنا، وتلتهب بلهيب الليلة الدافئة.

أغمض عيني مع كلِّ قُبلة تطبعها في جسدي، يستمرُّ لهيب أجسادنا المتَّحِدة بالارتفاع حارقًا أيَّ لحظة شكٍّ بأنَّ ما نعيشه الآن ليس مِلكًا لنا جميعنا، أملكك وتملكني، تهبُّ واقفًا بعد دفء تلك اللحظات التي جمعتنا، وتبدأ باستعراض عضلاتك أمام المرآة، وتلتفت إليَّ لتقول: "أنا جائع لنتناولَ وجبة شهيَّة".

هكذا كانت لحظاتنا الجميلة اللذيذة تنتهي بتعليقاتك الخاصَّة التي لا يسَعني القول إلَّا أنَّها سِحرك الخاصُّ الغريبُ.

الرسالة الثالثة
(فصل الحقيقة)

تبدأ صباحاتي معك مختلفة متميِّزة لها طابع مليء بالدِّفء رغم برودة ذاك الشتاء.

أفتح عيني على نغمة اتِّصالك مبتسمةً، قبل أن أبدأ بقول صباح الخير يأتيني صوتك عبر الهاتف مازحًا: هل ما زلتِ في فراشكِ؟! ما هذا التسيُّب بالعمل؟!

أقول لكَ متجاهلة سؤالك، قاصدةً بنغمة يملؤها الدفء الذي أعلم يقينًا بأنَّه يداعب قلبك: أُحِبُّكَ.. أخبِرني كم تحبُّني، هل بمقدار حبِّي لك؟تختلف موجة تلك المكالمة لتسقيني جرعتي الصباحية، ثمَّ أهبُّ مِن فراشي أركض يمينًا ويسارًا بعد أن ألاحظ تأخيري على الذهاب إلى العمل.

عزيزي، هل تعلم أنَّكَ الشخص الوحيد الذي يثير جميع غرائزي ومشاعري في آنٍ واحدٍ؟أكاد أجزم بأنَّني أتَّصِف

بالجنون في حضورك، أضحك وأغضب وأصرخ وأخجل في ساعة واحدة، لطالما رأيت الجانب المظلم مِن غيرتي الزائدة التي قد لا تكون محتملة لغرورك.

دائمًا تصِفني بحبِّ الامتلاك، ولا أنكِر حقيقة الوصف، ولكن أكاد أجزم بأنَّها إحدى الصفات التي تستثير محبَّتك لي وانتباهك أيضًا.

تَمُرُّ بعض المواقف المزعجة خلال أيامنا معًا بسبب الغيرة، وتمتدُّ إلى أسابيع، ثمَّ نعود أقوى وأعمق مِمَّا مضى.

هل تذكر الليلة التي قضَيناها جميعًا وأنت تُطَمئِنُني بأنَّ غدًا ستكون رحلتك سريعة جدًّا لا يوجد بها أي أمور قد تؤرقني أو تزعجني؟

أقبض يدك بشدَّة وأنا أؤكِّد برجاء تامٍّ أن تأتيَ بسرعة؛ لأنَّني لا أستطيع تجاوز يوم واحد وأنتَ بعيد عنّي.

تذهب بتلك الرحلة، وما أدراك ما هذه الرحلة التي نخرَت في روحي وحدسي معًا!

تختفي عن الوجود، أحاول جاهدةً الوصول لك، معلنةً حالة استنفار، تنهال عليك الاتصالات مِن قِبَلي، ولكن لا يأتيني ردٌّ.

أضع يدي على قلبي، أغمض عيني طاردةً لأيِّ فكرة سيِّئة، فأنا لا أستطيع أن أتخيَّل الحياة تخلو مِن وجودك.

أُمسِك هاتفي بكلِّ رجاء أن يأتي اتِّصال منك يبعث فيَّ الرَّاحة التامة.

تمضي تلك الليلة التي هي مِن أصعب الليالي على قلبي، بعد مرور ما يقارب أربع ساعات تتَّصل بهاتفي، يأتيك صوتي مليئًا بالرجفة: ماذا حلَّ بك؟ أين كنتَ؟ تجيبني بعصبية مفتعَلة وكأنَّك تحاول جاهدًا إخفاء أمرٍ تعلَم جيِّدًا بأنَّه عظيم: هل جُنِنتِ؟! ما هذه الاتِّصالات؟

تبدأ دموعي بالنزول وأنا متسمِّرة في مكاني أصرخ قائلةً: لا أريدك في حياتي.. وأُغلِق الهاتف لأحذف كلَّ ما يصلني بك، أرقامك.. حساباتك.دعني أرسم لك الصورة التي رأيتُها خلال ثوانٍ وأنا أسمع عصبيَّتك المفتعَلة عليَّ.

تهبط طائرتك، تنزل ممسكًا بأمتعتك، وتراها مبتسمة، تقف بانتظارك، تحتضنها شوقًا على بُعد الأيام السابقة وانشغالك بالعمل، وهو في الحقيقة انشغالك بوجودي في حياتك، ثمَّ تمضيان إلى الفندق لقضاء ليلة تملؤها الحرارة والشَّوق.

أعلم ما ستقوله الآن وأنتَ تقرأ هذا السَّطر بأنَّني أتمتَّع بمخيِّلة جامحة، ولكن دعني أقول لك، مخيِّلتي يتبعها حدسي الذي لن أتجاهلَه بعد الآن، سأتشبَّث به لأنَّني أعلم جيِّدًا أنَّه صادق ودقيق في كثير مِن الأوقات، فحدسي أخبَرَني بألَّا أمضي قُدُمًا في علاقتي معك، وأخبَرَني أيضًا بأنَّك شخص غير متوفِّر على كثير مِن الأصعدة نفسِيًّا، جسدِيًّا، ذهنِيًّا، وعاطفِيًّا.تمرُّ أيَّام مختلفة يملؤها كثير مِن الحنين والغضب والرِّضا وأنتَ بعيد عنِّي، تحلُّ علينا أيام الصيف الحارقة، نعود بعدها أقوى مِمَّا سبق، نتشبَّث ببعضنا أكثر، نمضي بهدوء وحبٍّ، تكثُر لقاءاتنا، نذهب إلى السينما، نشاهد فيلمًا، نتناول وجبة شهيَّة معًا، نتحدَّث عن كثير مِن الأمور إلى أن نصل إلى الفتور والبرود معًا.

ربَّما تسأل نفسك وتسألني: ماذا أقصد؟ سأجيبك بما أعنيه، تتمُّ ترقيتك ونقلك إلى مكان مختلف بروح جديدة تبعث في نفسك مشاعر مختلفة، فأنت ترى نفسك الآن أقوى وأفضل ولا مانع في ذلك، ولكن هذه النسخة منك أصبحَت قاسية بعيدة وجافَّة، تبحث عن شخص آخَر يناسبها.

وجودك بمكان جديد وأشخاص جُدد زاد مِن ثقتك بنفسك، وأطلق رغبات مختلفة في داخلك تصل إلى العنف النفسي أحيانًا.

لا تتعجَّب مِن قولي العنف النفسي، ما أقصد به هو أنَّك أصبحتَ لا تثمِّن الكلمات التي تتفوَّه بها، وهي جارحة في معظم الأوقات.

أصبحَتِ الحوارات بيننا تتمحوَر حول وجودك في هذا المكان والكلُّ ينظر إليك نظرات الإعجاب، بما في ذلك الفتيات، حيث يتمنَّين القرب منك، كثيرًا ما أسمع منك تلك الفتاة قالت، وهذه الفتاة فعلَت، وجميع الفتيات يرَين فيك الفتى القويَّ صعب المنال.

كثيرًا ما كنتُ أنزعج مِن هذا الحوار، ما شأني في هذا كلِّه؟ لماذا عليَّ أن أسمع كلَّ كلمة تتفوَّه بها حول عملك مع الفتيات؟!

ألا توجد هناك مساحة لترى كيف قضيتُ اليوم في عملي؟

أصبحتُ موقنة بتفاصيل كثيرة، فقد كنتَ تتجاهل اللقاءات التي أطلبها منك، تؤجِّل اللقاء بي، وعند إصراري تأتي بنصف طاقة ونصف اهتمام لتصمت لتصمت إلحاحي عليك.

أيضًا أصبحَتِ المكالمات لها مواقيت محدَّدة ومدَّة محدَّدة، دعني أسردها لك من دون ملل، الصباح الساعة الثامنة

تتَّصل بي عند الخروج مِن المنزل المحرَّم عليك التَّواصل معي به، تستمرُّ مكالمة الصباح عشر دقائق لا توجد بها أي عواطف ساخنة، بل برود فاتر، ثمَّ تأتي لحظات المساء عند خروجك مِن العمل الساعة الخامسة، وتستمرُّ المحادثة حسب خطِّ السَّير في طريقك إلى منزلك في ذلك الوقت، وغالبًا ما تكون عشرين دقيقة مليئة بِصَمتي وكثير مِن سردك لأحاديث الفتيات التي لا تعني لي شيئًا، تُثير غيرتي وحنقي، ثُمَّ تغلق الهاتف وأنت تقول لي: كفَى كفَى، أنا مرهَق ومتعَب، سأحادثكِ ليلًا.

يمُرُّ الليل ويأتي الصباح، ولَم تحدث هذه المحادثة، ثمَّ يأتي الصباح ليتكرَّر ما حدث بالأمس.

تختلف لغات الحبِّ عند البشر بجميع أشكالها وألوانها، وقد تشترك أعداد كبيرة لا يتحدَّثون نفس لغة الحوار، ولكن يتَّفقون في لغة الحبِّ، فمنهم مَن يشعر بالحبِّ في عنصر الوقت، وأنا منهم، أن أمضي وقتي مع مَن أحبُّ، أو أحتفل بالأوقات مع مَن أحبُّ مِن الأَشياء المهمَّة بالنسبة لي.

لا أعلم إن كنتَ تعلم أهميَّة هذا الأمر بالنسبة لي رغم تكراري المستمرِّ عليك بأهميَّة الاحتفال في يوم ميلادي، ووضْع خطَّة لتفاجِئني بها، وكنتَ تقول لي: حسنًا، سأرى ما يمكنني عمله وأنا

أحترق شوقًا إلى ذلك اليوم الذي لَم يأتِ، على العكس اخترتَ أن تبتعد عن حياتي في أحد أهمِّ الأيام بالنسبة لي، يؤسفني أن أقول لك: لقد خذلتَني تمامًا، ولَم تكن لطيفًا معي.

احتفلتُ بهذا اليوم وحدي بصمت، لَم يصلني أيُّ شيء منك، ولَم أجد أيَّ ذِكرى قريبة جمعَتني بك لتكون عزاءً لتجاهلك، بل تركتَني أسرد لنفسي تلك الخيبات التي مررتُ بها في حياتي، بكيتُ بصمت، وصرختُ بصمت، شعرتُ بطلقة رصاص تقتل فرحتي بهذا اليوم الخالي مِن الحبِّ، وهو الشيء الوحيد الذي رغبتُ به في هذا اليوم، أن أشعر بالحبِّ، هل هو كثيرما أطلبه؟ ربَّما لأشخاص لا يكون بمقدورهم تقديم الحبِّ أن يشعروا بصعوبة إهداء مشاعر الحب للآخَرين.

تنتهي الرحلة هنا، رحلتي معك المليئة بالحبِّ والغضب والأنانية والشَّوق في كثير مِن الأحيان، شعرتُ بغيابك أكثر مِن شعوري بوجودك بجانبي، شعرتُ بالبُعد أكثر مِن شعوري بالقُرب منك، ولكن رغم هذه الرحلة القصيرة المختزَلة فيما يُقارب خمسة أشهر، فقد امتلأَت بالدروس والرسائل المهمَّة لي شخصيًا، فقد أضعتُ نفسي وعدتُ لأبحث عنها ببوصلة مختلفة.

أدركتُ مدى قوَّتي الداخليَّة وضعفي أيضًا، علمتُ أنَّ الحبَّ يبدأ مِن الداخل، وأن تسوُّلَ الحبِّ أبعد ما يكون عن الشعور به، ففي كلِّ مرَّة أتسوَّل شعور الحبِّ سأجده يصفعني بالخيبة؛ لذلك لا مكان للتسوُّل بعد الآن.تعلَّمتُ أنَّ الاستحقاق مهمٌّ، وألَّا أرضَى بأقلَّ مِمَّا أستحقُّ، فنِصف شخص، نِصف وقت، نِصف حبٍّ، ونِصف قلب لا يُناسبني أبدًا.لقد كنتَ معلِّمي ومُلهِمي الأوَّل في هذا الفصل مِن حياتي؛ لذلك فأنا أشعر بالامتنان لكلِّ ما تعلَّمتُه بسببك، أتمنَّى أن نجد السلام الداخلي، ونمضيَ قُدُمًا في حياتنا، ونتذكَّر هذا الفصل بأنَّه فصل الحقيقة، فمِن خلاله تعلَّمتُ ألَّا أتخلَّى عن الحقيقة مهما يكون.

انتهَت

الرسالة الرابعة
رسالة شوق عابرة
(حداد شهرين)

مرَّت ثلاثة أشهر منذ أن رأيتُكَ آخِر مرَّة، وشهران منذ أن انتهَت علاقتي بكَ، ما زلتُ أشتاق إليكَ، أتذكَّر لحظاتي معكَ، وأُبحِر بها بعيدًا كي أراكَ وأمتِّع جميع حواسِّي بكَ.

في كلِّ ليلة وقبل أن تنام عيناي، أعيشكَ في خيالي، أشعر بكَ قريبًا جدًّا، أشمُّ رائحتكَ، وأشعر بلمساتكَ.

يحلِّق خيالي بعيدًا لِيُصوِّر لي قصصًا لَم يسبق لنا أن عشناها، ولكن كم وِددتُ أن نعيشها.

أرى كلَّ التفاصيل أغيِّر فيها، وأُضيف إليها، وأُزيل منها لتكتمل قصَّة محدَّدة وِددتُ أن أعيشها.

تختلف المواقف والقصص التي أعيشها بمخيِّلتي، ولكن لا يهمُّ طالما كلُّها تخصُّكَ أنتَ، أراكَ بها، وأحتضنكَ بها أيضًا.في أول أسبوع مِن انتهاء العلاقة لَم أستطِع أن أمضي قُدُمًا بكلِّ شيء بحياتي، وكأنَّ هذه الحياة رسمتُها لأجلك، لَم أعد أعرف مَن أنا ولا أين أمضي.

تمرُّ الأيام ثقالًا وباردة جدًّا رغم حرارة فصل الصيف الذي نعيشه في شهر يونيو، أصبحَتِ الأيام متشابهة جدًّا، أستيقظ في الصباح، أقوم بصُنع كوب مِن القهوة، وأعود لأتقوقع في فراشي، وأشعر بالدفء الذي فقدتُه منك، أتفقَّد هاتفي في كلِّ دقيقة لعلِّي أجد رسالة أو اتِّصالًا منك، ولكن لا يوجد شيء.

أتجنَّب الخروج مع بعض الأصدقاء؛ لأنَّني لا أستطيع البَوح بما في داخلي، أو ربَّما لأنَّني لَم أكن مستعدَّة بعد لإعلان خسارتي لك، وخسارتي لنفسي أيضًا التي فقدتُها منذ تلك اللحظة التي أصبحتُ مجنونة بك.

أذهب إلى العمل في أيام الأسبوع، وأدفن رأسي بكلِّ الأوراق والرسائل التي تملأ بريدي الإلكتروني، أتلذَّذ بساعات العمل؛ لأنَّها الشيء الوحيد الذي يعيق شَوقي لك وحاجتي الوهميَّة لك.في كلِّ مرَّة أرى نفسي بالمرآة كي أتعرَّف على نفسي مِن جديد، أرى تقاسيم وجهي، أمرِّر أصابعي بها، وأسرح بها، تدمع عيناي

بدموع حارقة، أمسحها بغضب، وأقوم برفع شَعري، وأبتعد عن المرآة بكلِّ حنق.

في عطلة نهاية الأسبوع قرَّرتُ الخروج مع بعض مِن الصديقات، وكنتُ أشعر بوخز خفيف في كلِّ أنحاء جسمي، محاولةً تجاهُل تلك الوخزات وأنا أضع أحمر الشِّفاه الفاقع وكأنِّي أكتب خطاب تحدٍّ لقلبي وقلبك الذي لا أعلم عنه شيئًا منذ لحظة الفراق.ألتقي بصديقاتي، نمضي وقتًا ممتعًا مليئًا بالضحك، وهناك مَن يراقبنا مِن بعيد، تغمز لي صديقتي مشيرةً إلى الفتى البعيد الذي ظلَّت عيناه تُلاحقنا منذ ذلك الوقت لتقول ضاحكة: هل ستتركينه يحاول إلى السَّنة القادمة؟!

ألتفِت إليها وأنا أرسم البلاهة على وجهي، تضحك صديقتي الأخرى لتقول: حان وقت الحصول على حبٍّ جديدٍ، ألا تعتقدين؟

يبدأ قلبي بقرع طبول خشيتُ أن يسمعها مَن حولي، أرفع رأسي لأنظر مرَّة أخرى إلى الفتى الوسيم، تلتقي أعيُننا، وأكتفي بابتسامة باردة، ثمَّ أعود لتناول وجبتي الباردة التي فقدت طعمها.

كانت مخيِّلتي تعبث بي، وترسم حوارات عنك، ماذا لو علمتَ بذلك الموقف؟ يمضي شهر على فراقك، وأصبحَتِ الأيّام المتشابهة أخفَّ وطأً شيئًا فشيئًا، عدتُ لنفسي بشكل جزئي، أو ربَّما تبنَّيتُ أمورًا جديدةً بَعدك لتُصبح جزءًا مِن شخصيَّتي الجديدة.

استيقظتُ بعجل لأستعدَّ لعملي، حيث إنَّني لَم أشعر بالمنبِّه يصرخ ليُوقظني، أصل إلى عملي، وسرعان ما انغمستُ في العمل.

لقد كان يومًا حارًّا ومرهقًا جدًّا، استعنتُ بأحد الأصدقاء الذين تعرفهم جيِّدًا لأخْذ مشورته في العمل، وطلب المساعدة، قضينا ساعتَين نعمل بها من دون توقُّف، ثمَّ قال لي: لماذا لا نخرج يومًا ما لتناول القهوة من دون مناقشة أي أمور متعلِّقة بالعمل؟

ابتسمتُ ثمَّ قلتُ: لِمَ لا؟ مرَّ أسبوع ليُعاود صديقي الاتِّصال، ويطلب مِنّي أن أفرغ نفسي الأربعاء لنَخرج سويًّا نشاهد فيلمًا جديدًا يتمُّ عرضه على شاشات السينما، قَبِلتُ دعوَته وخرجنا سويًّا في ذلك اليوم.

لا أستطيع أن أنكر بأنَّ عقلي كان يتجوَّل في خانة الذكريات ليعرضَ لي صورًا تجمعنا في صالة السينما وأنا محتضنة يدَيك لأشعر بالدفء، فقد كانت الأماكن كلُّها تصرخ بِاسمك.

أحاول جاهدةً أن أتجاهل كلَّ ذِكرى وكلَّ شعور لأركِّز في ليلتي مع صديقي الذي بذَلَ جهدًا كبيرًا ليجعلَ هذه الليلة مميَّزة؛ فقد كان لطيفًا على غير المعتاد، شاعرًا على غير المعتاد، يريد أن يعرف أمورًا كثيرة عنِّي على غير المعتاد أيضًا. انتهَتِ الليلة اللطيفة معه، وكنتُ أقول في نفسي: ماذا أفعل لو سألتَني لماذا ذهبتُ معه؟ ماذا أفعل لو كنتَ غاضبًا منِّي على هذا اليوم؟

اقترَبَتِ الإجازة القصيرة، وأصبحتَ ملازمًا لخيالي أكثر، أعزِّي قلبي على تمام شهرين لفراقك، ولَم أكن أعلم بأنَّ الشهر الثاني أصعب جدًّا مِن الشهر الأول، أصبحَت أيامي سريعة مليئة بالأحداث مِن أول اليوم إلى آخِره، ولكن رغم كلِّ هذه المشاغل فقد كنتَ تتسلَّل إلى مخيِّلتي في كثير مِن الأحيان.

في أحد هذه الأيام الصعبة قمتُ بإجراءات السفر الخاصَّة بي للذهاب إلى رحلة مع الصديقات للاستجمام، لقد قمتُ بتحديد نيّة خاصَّة لهذه الرحلة، ألا وهي "التحرُّر"، كنتُ أعلم بأنَّني بحاجة إلى أن أتحرَّر مِن جميع المعوِّقات الذهنية التي

وضعتُها لنفسي، استشعرتُ تلك النيَّة وقمتُ بتطبيقها، ودَعْني أقول لك بأنَّها أحد أجمل الرِّحلات التي قمتُ بها.

كانت الرحلة مليئة بالبحر والضحك والأكل والمعرفة أيضًا، وفي معجمي تعلَم جيِّدًا أنَّها أساسيَّات الرحلة بالنسبة لي.

تمضي الأيام لنطويَ شهرَين مِن فراقنا، أسأل نفسي وتحديدًا قلبي: هل هو بخير؟! أغمض عيني، وأدعو لك في سرّي بأن تكون في صحة وعافية.

الرسالة الخامسة
(الوحدة)

أحد أهمِّ المعوِّقات التي تتسلَّل إلى مخيِّلتي عند الإقدام على أي أمر أرغبه، هو الخوف مِن الوحدة!عزيزتي الوحدة المخيفة.. أجاهد أيَّامي كلَّها، وأدفعها للمُضِيِّ دون أن تتوقَّف أمامك أو مرورًا بك، كم رأيتُ بكِ ظلمة كئيبة باردة مخيفة لا أودُّ الإقبال عليها أو مواجهتها، وكأنَّ هروبي منها هو الحلُّ الأمثل.

في طفولتي سمعتُ كثيرًا أنَّ الطريق الصحيح هو الطريق الخالي مِن الوحدة، ليس بالحرف الواحد ولكن قريبًا منه بشكلٍ كافٍ، أسمع أمي أو خالتي تردِّد عبارة: "قليلة الحظِّ التي أضاعَت عمُرها دون الارتباط ستصبح وحيدة، ولا يوجد هناك مَن يُعِينها عند حاجتها إلى العَون".

تتسلَّل هذه العبارة إلى مسامعي لتخترق روحي، تختزن في ذاكرتي.

تمرُّ أيام كثيرة، كم وددتُ أن أستمتع في فندق فخم وحيدة، أتجوَّل بالغرفة، أستلقي على السرير الكبير بأيدٍ مفتوحة، أتقلَّب يمينًا ويسارًا، أمسك كتابًا أستمتع به، أو فيلمًا يأخذني لآفاق بعيدة.

أردِّد هذه العبارة بلذَّة على مسامع عائلتي، ثمَّ يأتيني الردُّ ليصفع تلك المخيِّلة بأنَّني شخص غير طبيعي يفضِّل الوحدة على وجود الآخَرين، ثمَّ القول الشهير: "الجنة مِن غير ناس ما تنداس".أصبحَت هذه العبارات ترسم خيالات كبيرة مُخيفة لشخص يوَدُّ أن يعيش وحده، تمُرُّ السنوات وهذه المخيِّلة تكبر شيئًا فشيئًا، فصرتُ أُلاحظها في جميع تصرُّفاتي وعلاقاتي، لقد رسمتُ شخصية جديدة ولبستُها طوال الوقت، وهي الشخصية الطبيعية خلال أعيُن مَن حولي.

السَّفر يجب أن يكون برفقة مجموعة أو على الأقَلِّ شخص كي لا أصاب بداء الوحدة.

رغم سهولة القرار إلا إنَّ ظنوني كانت تخيِّب في كلِّ رحلة سفر برفقة المجموعات المتنوِّعة، أشعر بأنَّ حريَّتي ومُتعتي سُلِبَت مِن خلالها، وأقوم بوَضع اللَّوم والعائق على اختيار

الأشخاص الذين كنتُ برفقتهم. كبِرتُ بضع سنوات، وبدأت رحلة العلاقات، حيث كنتُ أتغذَّى خلال هذه العلاقات بمجرَّد فكرة الارتباط الأبدي، فقد كانت رحلة بحثٍ للحصول على الجائزة الأخيرة، ألا وهي الارتباط الأبدي الخالي مِن الوحدة، سيُصبح لديَّ أطفال يُعينونني على مصاعب الحياة.

جميع العلاقات تجسَّدَت لرغبة رئيسة مصاحِبة لرغبات أخرى، ولكن دعيني أركِّز على رغبتي، وهي التخلُّص مِن داء الوحدة؛ لذلك كنتُ في كلِّ أوقات فراغي أهرب مِن نفسي ومِن الخلوة بأفكاري، وأبحث عن شخص ليُؤنسَني.

خلال ساعات الليل قبل النوم كنتُ أتجنَّب الخُلُوَّ بنفسي لقراءة كتاب، أو مشاهدة فيلم لأقضيَه بالحديث بصُحبة شخص أرى به مستقبلًا محتمَلًا.

كانت اختياراتي تجاه الأشخاص عشوائيَّة جدًّا في سبيل محاربة وحدتي التي لَم أشعر بها بعد، بل خوفًا مِن أن أشعر بها. تمرُّ عليَّ لحظات أضع لنفسي استحقاقات قليلة، ومع مرور السِّنين أصبح استحقاقي أقلَّ في سبيل الحصول على شريك حياة لأكافح وحدتي.

كنتُ أضع نفسي بمواضع خاطئة وعلاقات مسمومة لا أملَ منها، أحارب وأكافح، وتتغيَّر أولويَّاتي ورغباتي لأحظَى بنتيجة ممكنة، وهي شريك حياة.

وبعدما كنتُ أتغنَّى بمقولة: لن أتزوَّج شخصًا متزوِّجًا، أصبحتُ أقول: ربَّما أتزوَّج شخصًا متزوِّجًا في سبيل النتيجة التي أرغب بها، وهي أن أشطب وحيدة مِن قائمة إنجازات الحياة.إليكِ عزيزتي الوحدة، سأقوم بمصارحتكِ، كيف أتخيَّلكِ، وكيف أراكِ بعدما سردتُ لكِ كيف أصبحتِ مرافِقة لي بأفكاري وخيالاتي، ألَم مختزَل خانق مثل الدخان الأسوَد الحارق يملأ أحشائي الفارغة التي لا تملك القوة لتتصدَّى لهذا الدخان، فينتشر بالمكان كِلّه.

أشعر بالاختناق، أبحث عن متنفَّس، فأجد أصابعي تطرق بكلِّ قوة على الهاتف، لعلَّ شخصًا ما يستجيب لنداءات الإغاثة. وأخرُج مِن ذلك الثقب الأسود، معلنةً انتصارًا زائفًا.هكذا كنتُ أراكِ سوداء خانقة لا أملَ منكِ ولا حياة، لا أعلم لماذا كتبتُ "كنتُ أراكِ" وكأنَّني أتحدَّث عن مرحلة عابرة في حياتي انتهَت، ولكن الحقيقة تقول بأنَّكِ ما زلتِ تُرافقينَي بكلِّ خوفٍ وحذرٍ.

أعلم بأنَّكِ لستِ متواجدة بأفكاري بشكلٍ مستمرٍّ كما عهدتِ بالسابق، بل أصبحتِ هاجسًا يأتيني بين الحين والآخَر، وعندما يأتيني أشعر بالانزعاج، بالقسوة، بالبرودة واليأس.. نعم باليأس، كم هي كلمة مؤلمة عندما خرجَت منِّي!

شعرتُ بانقباضات في قلبي، هل شعرت باليأس؟ وكيف لي أن أعيش هذه الحياة بيأس؟

دعيني أخبركِ أيَّتها الوحدة السوداء عند مرور شعوري ما بعض المناسبات التي وضعتُ لها قوالب محدَّدة وصورًا معيَّنة يجب أن أعيشها، مثال على ذلك مناسبة يوم ميلادي، كنتُ أتخيَّل هذه المناسبة لا تخلو مِن وجود شريك الحياة المنقذ الرئيس مِن عالَم قد تسُوده الوحدة، لقد مرَّت عليَّ الذِّكرى الحادية والثلاثون دون أي مخطَّطات أو مفاجآت.

مرَّ اليوم بكلِّ هدوء، استقبلتُ بعض التهاني التي أسعدَتني، ولكنِّي كنتُ أحترق شوقًا لساعة مختلفة تسودها المفاجآت مع شريك حياة محتمَل ربَّما يطلب يدي في هذا اليوم المميَّز، أو يكون زواجي في هذا اليوم المميَّز، ولكن لا وجود لِمثل هذه القصص، بل تنتهي الليلة، وقَبل أن تشارف على النهاية يأتيني أطفال الوحدة السوداء المزعجون ليؤرِّقوا مهجَعي بتلك القصص المزعجة: "كبرتِ سِنًّا، ولا يوجد هناك مَن سيُشاركِكِ

الحياة، لقد كبرتِ سنًّا، وقد تصِلين لمرحلة لا تستطيعين فيها الإنجاب، لقد كبرتِ سِنًّا وقد تخسرين جمالكِ، فلن يأتي فارسكِ على الحصان الأبيض، وستَمضين في جميع المناسبات وحيدة تنظرين لمن حولكِ في حياة مشعَّة وأنتِ في حياة داكنة".انفضَّت تلك الأفكار ودقَّات قلبي تُعلن انفجارات أكاد أراها بعيني، وأسمعها بأذني، أُمسِك بهاتفي لأبعث برسائل غضب إلى كلِّ شخصٍ خذَلَني وأصبحتُ وحيدة مِن بَعده.

تتوالى عليَّ مشاعر الوحدة والغضب والعجز، أعود لأشعر بالاختناق بالغصَّة تعتصر في داخلي، تتحجَّر دموعي في محجري تأبى الخروج.

أصبحتُ أخاف مِن نفسي، مِن مواجهة أفكاري أو مِن هدوئها، الهدوء أصبح مرتبطًا بمخاوفي مِن الوحدة والألم الذي يُصاحب الوحدة السوداء.

إليكِ الآن أيتها الوحدة السوداء، لَم أعد أخاف منكِ، ولن أهرب منكِ، بالوقت نفسه أصبحتِ صديقة لستِ مقرَّبة بعد، ولكنَّكِ صديقة لا أمانع صُحبتها؛ ففي وحدتي التي أقضيها معكِ أكتشف ذاتي، أحاور بنات أفكاري، أمتعهنَّ وأضحك عندما أتخيَّلهنَّ، نجتمع أنا وبنات أفكاري الثلاث، وهنَّ سالمة التي دائمًا تؤيِّدني في كلِّ ما أقوله، صامتة في معظم الأوقات،

ولكن عندما تتحدَّث تُشعِرنا بحبٍّ وتعاطف جميل، وتنصحنا بالتأمُّل في كلِّ الأوقات.

شوشو وهي الشقيَّة دائمًا والجريئة التي تحبُّ المغامرات، ودائمًا ما تهطل علينا غيثًا مِن الأفكار الجديدة والمتمرِّدة، لا تخاف مِن أحد، تَوَدُّ الذهاب دون التفكير بالنتائج.

وفاء الوفيَّة دائمًا التي تذكِّرنا بالجانب المشرق الإيجابي، وتُلهمنا بالأفكار الجميلة التي ترتقي بنا إلى مستويات أعلى.

كثيرًا ما في ساعات المساء بعد انتهاء عملي أقود سيارتي، وأختار أن أمضيَ وقتًا مع بنات أفكاري، أضحك تارة، وأحزن تارة، ورغم تلك المشاعر المختلطة فإنَّني أستمتع بصحبتهنَّ جميعًا.لا أستطيع أن أقول إنَّني ممتنَّة لكِ أيتها الوحدة في هذه اللحظة، ولكن أشعر بالتصالح تجاهكِ؛ فأنا متصالحة مع وجودكِ، ولا أمانع في إرسال دعوات مفاجِئة لكِ لِتُصاحبيني في لقاءاتي مع بنات أفكاري.الآن وبكلِّ قوَّة وروح جديدة، أدعوكِ أيتها الوحدة في مواجهة جديدة مِن نوعها، لن تكون ساعة أو يومًا، بل رحلة أَوَدُّ منكِ أن ترافقيني خلالها حتَّى نتجاوز جميع المشكلات التي كانت بيننا في الماضي، ونقلب تلك الصفحة، فهل تَقبَلين دعوتي؟

الرسالة السادسة
رسالة واقعية
(انتهى الوقت.. هل أمضي قُدُمًا؟)

عندما حاولتُ أن أبدأ بالرسالة لَم أعلم كيف أخاطبك، هل أقول عزيزي أم حبيبي أم شخص عابر؟!

توقَّفَت حروفي عند تلك المقدِّمة، وتجمَّدَت أصابعي عن الكتابة، ما رأيُك أن أبدأ بالعزيز المحبِّ سابقًا؟ أظنُّها بداية ملائِمة.

خلال مرحلة التَّشافي مِن ذلك التعلُّق الذي أفقَدَني صوابي خلال علاقتي معك، وضعتُ فترة زمنيَّة محدَّدة، ثلاثة أشهر لا أسمح لأيِّ شخص بالعبور خلال قلبي أو عواطفي، وأن أكتفي بالعلاقات العمليَّة فقط، البعيدة تمامًا عن العاطفة، أركِّز

فقط على علاقتي بذاتي، دَعني أشاركك متعة وتحدِّي الفترة المحدَّدة.

بدأتُ وأنا أعي تمامًا بذلك التحدِّي، ولَم أسمح بدخول أشخاص إلى عالمي، ولكن خلال تلك الرحلة فقدتُ الوَعيَ بذلك الالتزام، واكتفيتُ بأن أحارب الأشخاص المقرَّبين الذين يُحاولون الدخول إلى عالمي، وأن أبحث مِن خلال الأشخاص الذين تَجمعني بهم علاقة عمل عن أمل مزيَّف أنَّهم أشخاص مناسبون لي، ولا بدَّ مِن إعطائهم فرصة صحيحة؛ لأنَّهم قد يكونون جديرين بالفرصة.

محاولات فاشلة جدًّا لا يوجد لها أيُّ معنًى، دَعني أشاركك إحدى هذه المحاولات.

لديَّ صديق تعرفه جيِّدًا، ألتقي به بشكلٍ مستمرٍّ لتنسيق بعض الأعمال والمهام، لامستُ اهتمامًا كبيرًا مِن جهته، ولكن لَم يكن شخصًا قادرًا على مواجهتي بتلك المشاعر.

أصبحتُ المحقِّق كونان في جميع لقاءاتي معه، أتطرَّق لجميع الأسئلة والسيناريوهات للوصول إلى طرف بسيط يجعلني في جلسة تحقيق للكشف عن مشاعره الدفينة؛ فكلَّما زادت التحقيقات أصبح الاختباء خلف مشاعره أعمق بشكل كبير.

قرَّرتُ في أحد اللقاءات أن أصارحه بطريقة ملتوية؛ لأنَّني أعلم جيِّدًا أنَّه يتمتَّع بسرعة البديهة والإدراك بكلِّ رسائلي المبطَّنة.

أمضينا الساعة الأولى نتحاور بكلِّ ما يتعلَّق بالعمل، وبعد الانتهاء مِن أمور العمل أخذتُ أُبحِر بالأسئلة لكَي نصل إلى جذر المشكلة، نعم.. إنَّها مشكلة، ولَم أعِ بأنَّها مشكلة في البداية.

لَم أكن جاهزة لتلك المشاعر حتَّى وإن أصبحَت ظاهرة بكلِّ وضوح، هناك ما يَمنعني أن أمضي قُدُمًا معه، ولا أودُّ مشاركتك السبب.

لَم أنَم تلك الليلة، أخذتُ أتقلَّب يمينًا ويسارًا، أفكِّر بكلِّ ما مضى خلال جلسة التحقيق، أحسستُ بأنَّني ضعيفة، واضحة وشفَّافة، يمكن لأي شخص أن يرى حقيقتي حتَّى وإن كنتُ لا أودُّ أن يراها أحد.

أعلنتُ في تلك الليلة القاسية ألَّا أسمح لمشاعري بالظهور أمام مَن حولي، وألَّا أقاتل في معركة ليست معركتي، هو لَم يكن قادرًا على مصارحتي بمشاعره التي لا أبادله إيَّاها؛ لذلك لَم يكن مِن واجبي أن أمهِّد الطريق له، أشعر بقليل مِن الفخر بأنَّني أصبحتُ قادرة على الشعور بأنَّني لا أحتاج إلى حبٍّ وعاطفة؛ فأنا لا أحتاج غير ذاتي الحقيقية التي تُشعِرني بالحبِّ.

في المدَّة القصيرة التي جمعَتنا في علاقة عاطفيَّة كنتُ أعلم بأنَّك تقرأ جميع تفاصيلي كاملة، عندما تكون أمامي أكاد أجزم بأنَّك تتفحَّص ملامحي، وتقرأ كلَّ السطور في داخل عيني، تلتقي أعيُننا بصمت، تظلُّ صامتًا وأنت تنظر إليَّ، أضحك بخجل مطأطِئة رأسي وأنا أعلم بأنَّك تتفحَّص ذلك الوجه بكلِّ عمق.

أعلم بأنَّك تعرفني جيِّدًا، وكم أنا شخصيَّة متطلِّعة لكلِّ المغامرات والقصص، أعشق روح المغامرة والتحدِّي، وغالبًا ما أتحدَّى نفسي للخروج مِن دائرة الراحة.

ما سأقوله لك قد يصدمك قليلًا، فهل أنت جاهز لتكمل قراءة الرسالة ومعرفة المغامرة الجديدة التي قمتَ بها؟

لقد أعلنتُ أمام الملأ مِن خلال بثٍّ مباشِر عبر الإنستغرام بأنَّني نسخة جديدة مِن ذاتي، بأنَّني تجاوزتُ مشاعري التي كانت متعلِّقة بك، والتي كنتُ أعتقد بأنَّني لا أستطيع أن أرى أبعَد منها، بل احتدَّ نظري إلى قلبك فقط.وصلَتني تعليقات وكتابات تسألني: كيف تجاوزتِ علاقتكِ المسمومة؟ وكنتُ في كلِّ مرَّة أجيب عن هذا السؤال يخفق قلبي بشدَّة؛ لأنِّي أرى وجهكَ أمامي وعينَيك الصغيرتين لا تفارقانني، وأسأل نفسي: كيف تجاوزتُ مَن كانت روحي متعلِّقة به؟ مَن كنتُ أتنفَّس

حبَّه في كلِّ يوم؟في أحد الصباحات التي تلي ذلك البثِّ المباشر، أقود سيَّارتي إلى عملي، وأنا جالسة في صمت، مستمعةً إلى بنات أفكاري وحوارهنَّ عنك، شعرتُ ببرودة أصابعي على المقوَد عندما أتتني فكرة بأنَّني فارقتُكَ إلى الأبد، لَم تعُد بمخيِّلتي كما كنت، لَم أعد متطلِّعة لمعرفة أخبارك، ولا أرى جدوى بوجودك في عالم أفكاري، لقد تلاشَت تلك المشاعر القويَّة التي تُفقِدني صوابي.

في كلِّ مرَّة أشعر بشَوق تجاهك كنتُ أرى نفسي في تلك المرحلة وأشعر بالشوق إليها والرغبة في احتضانها.

غريبة وعادلة تلك الحياة، فبقَدر ما تعطيها ستعطيك!

تصالحتُ مع مجريات الحياة رغبةً منّي في البحث عن مستقبل أعمق يشبه روحي التي توَدُّ نشر رسالَتها، وهي مشارَكة الآخَرين بهدف مساعدتهم، وهأنا ألهمتُ الكثيرين مِن خلال رحلتي معك، وكيف تجاوزتُ تلك الرحلة. أودِّع تلك المشاعر السلبية التي تُشعِرني بالضيق والحزن التي لا تألفها روحي، وفي الطريق أودِّعك أيضًا، فقد غادرتَ روحي التي سكنتَها، والآن هل أمضي قُدُمًا؟! فقد أعلنتُ رغبتي في الارتباط بمَن تألفه روحي وذاتي الحقيقية.

الرسالة السابعة
رسالة في منتصف الرحلة
(فصل جديد)

أقود سيَّارتي في أحد الصباحات، أمدُّ يدي لألتقط النظارات الشمسية لحماية عينيَّ مِن الشمس الحارقة، أشغِّل الإذاعة الصباحية، أستمع لكلمات الأغنية، تنزل كالرصاص على مسامعي: "امحي اسمي مِن حياتك، وانسي إنِّي بالوجود". أعود لإغلاق الإذاعة، وأكتفي بالاستماع إلى أفكار عابرة تعبث في مخيِّلتي بين الحين والآخَر.

لطالما كنتُ مؤمنة بالرسائل التي نتلقَّاها مِن الكون ولا يخفَى عليَّ أيضًا إيمانك بها.

ما زلتُ أتذكَّر المحادثة التي حدثَت في أحد الصباحات المزعجة عندما كنتَ تشكولي مِن أحد الزملاء بالعمل، سألتُك:

هل تؤمن بأنَّ هناك رسالة مِن الكون لك تحديدًا؟ لَم تتردَّد بالإجابة عليَّ بأنَّك تؤمن وبشدَّة. أبتسم بخفاء وأقول: لقد وجدتُ شيئًا نشترك فيه، لطالما تختلف اهتماماتنا وأسلوب حياتنا لدرجة أشعرتني بالقلق.

عند انتهاء علاقتي معك مضَيتُ قُدُمًا، وأصبحتُ أركِّز على شيء محدَّد، وهو كيف أتخلَّص مِن وجودك في عالمي، ولَم أعلم بأنَّ الكون سيكون مراقبًا لتلك الرحلة، وسيرسل إليَّ رسائل كثيرة ليتأكَّد مِن كوني صادقة في أحاسيسي وفي رغباتي، وهل هي متوافقة مِن الداخل والخارج.

إحدى الرسائل المؤلمة التي حدثَت لي مؤخَّرًا مِن الكون هو ما أتيتُ اليوم لأخبرك به، ولا أعلم كيف أبدأ به.

دعني أقول لك كيف حدثَت هذه الرسالة؛ حيث إنَّني لا أعلم هل أضحك أم أصرخ ألمًا ممَّا حدث.

رسمتُ في اللوح الخاص بأحلامي عن صفات شريك حياتي، وضعتُ تفاصيل الشَّريك الذي أوَدُّ الالتقاء به، وأخفيتُ تلك اللوحة.

أمضي بحياتي في كلِّ ما هو جديد مختلف يرسم فصولًا جديدة في حياتي، ألتقي بشخص للمرَّة الأولى في أحد المشاريع الجديدة التي أعمل عليها، وأشعر بألفة غريبة مِن نوعها.

أقترب مِن هذا الرجل أكثر لمعرفة بعض المعلومات؛ حيث إنَّنا سنعمل لمدة ستَّة أشهر على هذا المشروع الهائل.

تنطلق أحاديثنا في انسيابيَّة لَم أعهدها مِن قَبل، تتكرَّر أحاديثنا في أيام متتالية، مِمَّا أثار عندي الفضول في التحرِّي: لِمَ يبدو هذا الرجل مألوفًا لي؟!

يأتيني الجواب بسرعة هائلة، إنَّه الاسم، لَم ألاحظ أنَّ الاسم الذي يحمله هو اسمك، أصبحتُ أقبض بشدَّة على أسناني عند نُطق اسمه وكأنَّه يأخذني إلى عالَم غادرتُه منذ وقت قليل، ولا أوَدُّ العودة إلى ذلك العالَم رغم الشَّوق القاتل الذي يعصف بكلِّ مشاعري وأحاسيسي. لَم أنَم في تلك الليلة، أصبحتُ أتقلَّب يمينًا ويسارًا، أغلق التكييف وأعود لأفتحه، أشعر بتوتُّر كبير جدًّا وكأنَّني بانتظار خبرٍ ما.

ألتقِي مجدَّدًا بذلك الشخص لنعملَ على تحديثات المشروع، وبعد الانتهاء مِن يوم عملٍ شاقٍّ أدعوه بكلِّ توتُّر لحضور لقاء لطيف سأشارك به، وسأكون المتحدِّثة الرئيسة بذلك اللقاء.

أقف على استحياء لأقول: إذا كنتَ متفرِّغًا في الساعات القادمة، أدعوك إلى مرافقتي في مكانٍ ما.

ينظر إليَّ بتوجُّس: ما هو المكان؟

أرفع رأسي مِن الهاتف لأقول: تجربة لطيفة ومعرفيَّة.

يعتذر بتردُّد: ربَّما في المرَّات القادمة إن كنتِ لا تمانعين.

تُصيبني خيبة أمل بسيطة مع شعور الراحة في أنَّه رفض القدوم.

تمضي تلك الليلة، ويعود ليحادثني ليقول: أخبريني ما هو المكان.

أشاركه المعلومات بقول إنَّني كنتُ متحدِّثة في أحد اللقاءات الأسبوعية، وقمتُ بمشاركة تحدِّيات صعبة في حياتي وصور خاصَّة بي.

في أحد هذه الأوقات الصعبة أتفاجأ بقوله: لا أفضِّل الأماكن التي يوجد بها عدد كبير مِن الأشخاص ليشاركوا معلوماتهم الشخصية، حياتي الشخصية لا أرغب في البوح بها أمام الآخَرين، ما الفائدة التي ستعود عليَّ مِن هذا اللقاء؟!

أقف عند هذا الردِّ، وأكتفي بالصَّمت، كيف يُمكنني تفسير أنَّ تجارب الآخَرين هي مصدر إلهام أولًا، ثانيًا مشاركة المعلومات تعود على رغبة الأشخاص، وليست ضروريَّة، بل إنَّني اخترتُ التَّحدُّث عنها رغبةً منِّي في التحرُّر منها.

في كثيرٍ مِن الأحيان هناك عقول لا تستطيع استيعاب ما نقوله؛ لذلك نكتفي بالصمت كي لا نخسر جزءًا مِن قوَّتنا الكامنة في إقناع مَن هُم أمامنا.

تمرُّ الأيام الأخرى محمَّلةً بكثير مِن المشاعر والأفكار المزعجة: لماذا التقَيتُ بذلك الشخص؟أعود لتقليب هاتفي، أقرأ كلَّ حرف وكلَّ كلمة مرسَلة مِن ذلك الشخص، أجد أنَّ هذا الشخص وضع الكثير مِن الجهد للاقتراب مِّني؛ حيث إنَّني لَم أكن على دراية بذلك، أركض مسرعةً لأفتح لوحة الأحلام، أتسمَّر أمامها، أجد الصفات والقصاصات التي وضعتُها صورة للشخص نفسه، إنَّه هو الشخص الذي رسمتُه في أحلامي.

أحتضن اللوحة، وأُطلِق ضحكات قوية وأنا أركض في حلقة بسعادة عارمة، لقد حانت لحظة تحقيق الأحلام.

استجاب الله لدعائي، واستجاب الكون لرغباتي، ما هذه الصُّدَف الرائعة؟! العالَم يبتسم لي.

أكاد أرى عينَيك الصغيرتَين وهي تقرأ كلماتي منزعجةً حادَّة، أعلم بأنَّ ما أشاركه مزعج بالنسبة لك، لكن دعني أخبرك بأنَّه مزعج لي أيضًا؛ لأنَّني أسأتُ فَهم الرسالة المرسَلة مِن الكون، لَم يكن رجل أحلامي، ولَم يكُنِ الشَّخص المنتظَر، حدثَ فتور كبير جدًّا جدًّا في مجرى تلك العلاقة التي لَم تكُن علاقة أيضًا، ولكن

أصبح الشخص يحادثني برسميَّة، أصبح مبتعدًا جدًّا عنِّي وكأنَّه استطاع قراءة أفكاري، وأراد أن ينبِّهني بأنَّني أخطأتُ الاختيار، ويجب عليَّ التوقُّف عن رسم أي أساسيَّات غير صحيحة.

ابتعدتُ لمدَّة يومين، ثمَّ عدتُ مرَّة أخرى للمحاولة ولكن باءت بالفشل، أصبحتُ أنا مَن أبدأ بالمحادثات، ولا أجد مَن يُكملها، أصبحتُ أقترب للحديث، أصبحتُ أبادر بقول صباح الخير، ولكن تلك الشعلة الملتهبة التي بدأت سرعان ما تمَّ إخمادها.

أصارحك بكلماتي وكلِّي خيبة أمل، رغبتُ بأن تكون تلك القصَّة هي التي ترتسم في عالمي، كم وجدتُ به أشياء ظاهريَّة رائعة جدًّا بحثتُ عنها مطوَّلًا، ورسمتُها في لوحة أحلامي، وددتُ بداية عاطفة جديدة تجمعني به، لكن أعلم جيِّدًا أنَّ هناك صوتًا خفيفًا بداخلي يقول: ليس الآن، هناك بعض الأمور المزعجة التي أراها بوضوح في هذا الشخص، ولكن لَم تعيقني عن رغبتي في بداية أمرٍ ما، ربَّما ما أفكِّر به التوقيت المناسب لي والمظهر الخارجي للشخص فقط.لَم أعلم ماذا يمكنني قوله الآن، ولكن هل وجوده رسالة مِن الكون لأنَّني لَم أتجاوز مشاعري تجاهك بعد؟ أم هي رسالة لاختبار قوَّة صبري ورغبتي الحقيقية لوجود الشخص المناسب؟ أم هو الشخص المناسب ولكنَّ الكون يختبر قوَّة صبري؟ لا أعلم بعد.

الرسالة الثامنة
(خيبات متبخرة)

أقف متسائلة: هل هي كارما أم رسالة جارحة مِن الكون لتغيير ذلك المسار الذي أستمرُّ في المرور به؟

تحذير لكلِّ مَن يقرأ سلسلة رسائلي وتوقَّف عند هذه الرسالة...

عزيزي القارئ، رسالتي هذه قد تكون طويلة ومعقَّدة ومتشعِّبة، لكنَّها صادقة جدًّا، تصِل شفافيَّتها إلى أقصى مرحلة. مرَّ شهران منذ أن بدأنا العمل على هذا المشروع، وأصبح عملي مرتبطًا بالشخص الاندفاعي المتحمِّس الذي اعتقدتُ بأنَّه فتى أحلامي المنتظَر أكثر وأكثر، ولَم أعتقد بأنَّني قد أُصاب بداء الإعجاب السريع أو إنفلونزا الحبِّ التي تأتي سريعًا ومِن غير التنبُّؤ بها، وقد تختفي بسرعة.

كان الحديث سلسًا جدًّا جدًّا، أخذنا إلى آفاق مختلفة، حدث ما لَم يحمد عقباه، لقد أصبح تركيزي حول هذا الشخص أعمق مِن التَّركيز على المشروع، بدأتُ أفقد ذكائي وعملي وتركيزي أيضًا، مِمَّا أثار استيائي، وأصبحتُ أطلب مِن الشخص طلبات بالنسبة له جديدة، ولا يوجد لها أيُّ سبب، بينما هي أساسيَّات مشروع فقدتُها عندما أصبحتُ أسرح بخيالاتي محلِّقةً بعيدًا جدًّا.

بدأتِ الحرب الساخنة تشتعل وتلتهب بيننا، أصبحتُ لا أطيق الاستماع إلى صوته أو ضحكاته المصطَنعة؛ فقد كنتُ أتجاهل وجوده وهو يقوم بالمِثل.

تمرُّ الأيام متجاهلَين بعضنا، غير آبهَين لِمَا يحدث، ورغم التوتُّر الذي أشعره مِن خلال العمل إلا إنَّني كنتُ أملك التحكُّم في كلِّ ما يحدث حولي مِن مشاعر، وهذا الشيء مريح بالنسبة لي تمامًا. في يوم حارٍّ جافٍّ، كان يقود سيارته متوجِّهًا إلى العمل، وحدث ما هو غير متوقَّع، أصيب بحادثٍ مروريٍّ تعرَّض على إثره لإصابات طفيفة، يُخرِج هاتفه مِن جيبه ليقول لي: أريد منك أن تعملي على هذا المشروع اليوم؛ فأنا لا أعلم إذا كنتُ سأتمكَّن مِن الحضور اليوم أم لا.

أشعر بقلق وأسأل: لماذا تجيبني بكلِّ برود؟

- لا داعيَ للقلق، لا يوجد شيء، فقط لن أستطيع التمكُّن مِن القدوم.

أشعر بغضب مِن تلك المكالمة، وأُكمِل اليوم بحنق.

لَم يكتفِ بذلك القدر، بل أصبح يرسل رسائل وتوجيهات للعمل، ازداد حنقي، وقمتُ بإرسال بريد بالملاحظات التي لا أريد أن أراها تتكرَّر في العمل، أغلقتُ الجهاز الآليَّ، وغادرتُ إلى المنزل غير آبهة لِمَا قد يحدث.

لقد كانت الحرب تزداد اشتعالًا شيئًا فشيئًا، ولا شيء يوحِي بتوقُّفها قريبًا، لقد أصبح يُرسِل ويُرسِل الكثير مِن الرُّدود على بريدي السابق، وعندما قرَّرتُ أن أضع حدًّا مِن خلال الاجتماع لإيجاد آليَّة مناسبة على العمل لَم يكن شيئًا سهلًا، بل أصبح الموضوع يزداد صعوبة، وكان لا بدَّ مِن استسلام أحدنا، وكنتُ أوَّل مَن رفع الراية البيضاء معلنةً الاستسلام كي نحظى بذلك الاجتماع، ونضع العمل والمشروع بالدرجة الأولى.أمضينا ساعتَين في قاعة الاجتماع، وأحاديثنا تزداد اشتعالًا واحتراقًا، نصرخ، نضرب على طاولة الاجتماعات، ثمَّ نعود أدراجنا.

أقف قائلة: لا أستطيع أن أكمِل، أحتاج أن أجري اتِّصالًا.. ثمَّ أعود، فيقف ليقول: أنا أيضًا.

وقبلَ أن يَخرج يرمقني بنظرة أكاد أقسم بأنَّها رصاصة اخترقَت مشاعري قائلًا: كلُّ ما تحتاجينه سأعمل عليه وأساعدكِ بكلِّ ما ترغبين به.. ثمَّ يخرج مسرعًا.أشعر باختناق، لا أستطيع التنفُّس، أسرع متوجِّهة إلى مكتبي، أقوم بسحب حقيبتي وأخرج سريعًا إلى سيَّارتي، أغادر وكأنَّني أهرب مِن لحظات الاختناق التي شعرتُ بها.

أصِل إلى غرفتي، وألُقي بنفسي بقوَّة على سريري وأنا أطلِق زفيرًا قويًّا.

أُغلق عيني، وأعود للتنفُّس بشكلٍ تدريجيٍّ، وما هي إلا دقائق حتَّى يهتزّ هاتفي بإحدى رسائله الحانقة، ثمَّ يعاود الاتصال ليُخبرَني بأنَّه لا يستطيع المضيَّ قُدُمًا بهذه الطريقة، ويجب أن نلتقيَ عاجلًا لنحلَّ هذه المعضلة.

أُغلِق الهاتف لأفكِّر: هل ألتقيه أم لا؟ تراودني كثير مِن الأفكار، ثمَّ أتجاهل، ثمَّ أعود للتفكير.

مضت ساعتان على التفكير، أخبرتُه بأنَّني سألتقيه في الساعة القادمة في ذلك المقهى الذي جمعني بك في أحد اللقاءات في الشتاء البارد، اللقاء الذي أخبرني به بأنَّني جميلة جدًّا.دعني أخبرك كيف سار لقاؤنا، وكيف كان مختلفًا جدًّا جدًّا عن اليوم الذي كان بداية لعلاقتي معك، ربَّما اختياري لهذا المكان

كان مصحوبًا بفكرة بداية العلاقات العاطفيَّة، ورغبتُ بأن أبدأ شيئًا جديدًا يحرِّرني مِن أي رواسب حبٍّ لك.

أصل لأجده يجلس قريبًا مِن الطاولة التي كنَّا نجلس عليها أنا وأنتَ، جلستُ بتوتُّر وأنا أنظر إلى تلك الطاولة بعينَين يملؤهما الشوق.

تبدأ أحاديثنا بدرجة عالية مِن التوتُّر والحنق، تصل في المنتصف إلى نظرات ملتهبة مِن المشاعر، ينظر إليَّ، واستمرَّ بالنظر إليَّ يبتسم، ثُمَّ أبعِد نظري سريعًا، يَرسم بيدَيه التي لا أكفُّ عن النظر إليها وهو يصف لي كيف أنَّ الحرب التي اندلعَت بيننا أفقدَته صوابه، ولا يوَدُّ أن تعود أبدًا.

أبتسِم وأنا أشعر بجمال تلك اللحظات، أنظر بعينه، وأسرح بخيالي بعيدًا، أعود مرَّة أخرى لأقول: كم أنتَ متعجرف! فقد كنتُ أبتسم لمجرى حديثنا، والان تصفعني بكلماتك الغريبة وأنت تهيم بأشعار الحُسن والذكاء عنك، ألا تكتفي بتمجيد نفسك؟!يضحك بسخرية وكأنَّني أداعب غروره ليقول: لا يوجد شخص مِثلي بالذكاء والجاذبية، وأنتِ تعلمين هذا.

تأتيني إحدى بنات أفكاري لتقول: يا له مِن متعجرف غبي! تعود الأخرى لتقول: ولكنَّه ساحر جدًّا رغم ذلك الغرور.

ينتهي ذلك اللقاء بأحد التفاصيل التي أُحِبُّها واعتدتُها منك أنتَ، نعم.. لقد كنتُ أحبُّها منك، أصرَّ على مرافقتي إلى حيث سيارتي، إصراره على هذا مشيرًا إلى أنَّه حرص وخوف كي يطمئِنَّ، يا لها مِن مشاعر ساخنة لذيذة اعتدتُ أن أتذوَّقها منك، أن تسقيني بها.

عدتُ في هذا اليوم إلى المنزل وأنا أفكِّر به، وأشعر بنشوة لطيفة؛ فقد كان شخصًا يعبث بأفكاري وخيالاتي، يُداعبها ويرقص على أوتارها وأنا واقفة بصَمت.

الرسالة التاسعة
(حبٌّ مِن طرفٍ واحدٍ)

غبت أشهرًا معدودة، لَم أستطِع بها أن أمسِك الورقة والقلم لأكتب حروفي وأحرِّرها مِن ذاكرتي، ماذا عساني أن أقول لك بعد غيبتي الطويلة غير أنَّني أسير في ذلك المسار الطويل الشاقّ المليء بالصِّعاب والمنعطفات المؤلِمة؟

لقد قرَّر قلبي أن يُداعب عقلي، ويرسم له أفكارًا جامحة، حلم الفستان الأبيض الطويل الساحر أمام الأسمر الفاتن ذي الابتسامة الساحرة، نمسك بأيدينا لنُعلن أمام الجميع عن أجمل قصَّة ابتدأت بمعركة وانتهَت بزواج آسِر، ولكن لَم يكن الحلم قريبًا مِن أرض الواقع بأيِّ شكل مِن الأشكال. قرَّرتُ أن أصارح ذلك الأسمر الفاتن المتعجرف بما أُكِنُّه مِن مشاعر، أصبحَت تلك الفكرة هاجسًا يمرُّ بذاكرتي بشكلٍ مستمرٍّ، وقد قرَّرتُ أن أعترف بها.

أمسكتُ هاتفي بأصابع مرتجفة وأسنان قابضة على شفتي السفليَّة، أطرق رقمه، يأتيني صوته المزعج وأنا أتخيَّل الغمَّازة الساحرة عندما يتحدَّث.

يرتجف قلبي، وأختصر المكاملة بدعوة خاصَّة إلى العَشاء بعد أسبوع، ترتاح أفكاري بمجرَّد موافقته على هذه الدعوة.تأتي ليلة الدعوة وقلبي يتراقص فرحًا راسمًا خيالات كبيرة منتهية بفرحة، لقد كنتُ أعتقد بأنَّه يُبادلني الشعور نفسه ربَّما أكثر، لقد كنتُ أرى بعينه اللامعة شيئًا مِن الانجذاب والإعجاب، لقد كان يُحاول جاهدًا لفت انتباهي بشتَّى الوسائل والطرق.

ابتدأت ليلة العشاء بشيء مِن الشاعريَّة والهدوء والحوارات الممتعة، ثمَّ ابتدأتُ متلعثمة غير قادرة أن أضع عيني بعينه لأقول له أريد مصارحتك، وقد قلتُها بنبرة حازمة مِمَّا دبَّ الرعب في قلبه؛ فقد أصبحَت حركاته غريبة جدًّا، يتقدَّم أمامي ويَرجع للخلف، يتحاشى النظر إليَّ، يمسك بهاتفه مرتعبًا، ثمَّ يبدأ بقول أمور كثيرة لَم أعِ منها شيئًا، بل أدركتُ أنَّه لا يوَدُّ أن يسمع ما سأقوله؛ لأنَّه أصبح يعلم تمامًا ماذا ستنطق به شفتاي.

تنتهي الليلة بشكل محبِط بالنسبة لي؛ فلَم أستطِع أن أقول شيئًا، بل الأسوأ مِن ذلك عندما دعوتُه أن يرافقني في سيارتي ثمَّ يأتيني ردُّه الغريب الجارح بأنَّه مِن المستحيلات أن يرافقني، وأنَّه لا يحبُّ تلك الانفرادية في مركبة صغيرة، قال لي إنَّه يرفض تلك الأمور التي لا تتناسب مع مبادئه، وقد أصابني ذهولٌ، وقلتُ في نفسي: ما هذه المبادئ التي تسمح لك بأن تتناول وجبة عشاء حميمة مع فتاة ولا تسمح لك بأن ترافقها في مركبة في شارع عام؟!

أومأتُ برأسي وأنا كلِّي خيبة أمل!

عدتُ إلى المنزل، وكلُّ ما أردتُه أن أتشافى مِن تلك الليلة المزعجة المخيِّبة لجميع الأحلام.

تسير الأيام بطيئة جافَّة تمامًا، أعيش بها بوحدة مؤلمة ومشاعر خانقة لَم أستطِع البوح بها، وكلُّ ما رأيتُه مِن معاملة كانت جافَّة جدًّا وكأنَّه يوَدُّ أن يبعث لي برسالة صريحة يقول بها: لا توجد هناك أي مشاعر بيننا، فلا أوَدُّ أن تُعلني عنها. تجمعنا بعض المواقف التي أرى نفسي بها ضعيفة ومهزوزة، فقد غدوتُ كالطفلة التي توَدُّ أن تنال استحسان مِمَّن حولها كي تلعب معهم.

زاد اقترابي منه وبعده عنّي، ولَم أتوقَّف عن الحلم بتلك المصارحة التي اعتقدتُ أنّها جميلة وستكون رائعة.أصبحتُ أختلي بنفسي أيّامًا، محلِّلةً كلَّ حركة وكلَّ همسة تأتيني منه، وعندما وصلتُ إلى بعض التحليلات المزعجة بأنَّ تقرُّبه منّي لا يعني شيئًا غير أنَّه يوَدُّ الحصول على منصب في المؤسسة التي أعمل بها، وباعتقاده أنَّ تقرُّبه منّي يتيح له فرصة معرفة كلِّ الأسرار والخبايا، ومِن ثَمَّ يعلم جيِّدًا بأنَّني أنا مَن ستُوَقِّع على أوراق حصوله على وظيفة لطالما حلمَ بها.

قرَّرتُ أن أتوقَّف عن التحليل وأُمسِك بهاتفي لأقول له مشاعري بكلِّ صراحة، وأضع حدًّا لكلِّ شيء.

مكالمة مِن أصعب المكالمات التي قمتُ بعملها، أكاد أسمع أصوات طبول قلبي وأنا أنطق بكلِّ كلمة، وكلِّ حرف؛ لأقول له إنَّني معجبة به، وأحمل له مشاعر طيِّبة، ثمَّ يأتيني صوت الهدوء والسكون لينطق، ويا ليتَه لَم يتفوَّه بأيِّ حرف، لقد قال لي: لِمَ لَم تحتفظي بمشاعرِك لنفسك؟! وكيف لكِ أن تشاركيني إيَّاها؟ أصابَتني تلك الحروف بذهول، ثمَّ نطقتُ قائلةً: ووِددتُ أن أُعلِمك بأنَّني سأترُك ذلك المشروع لتعمل مع شخص آخَر غيري.. ثمَّ أغلقتُ الهاتف وأنا أعتصر مِن الداخل، رافضةً أن أذرف دمعة واحدة.مرَّتِ الأيام ونحن لَم نتحادث،

بل أخذتُ مساحة لنفسي بعيدًا عن العمل لِتهدأ مشاعري، ولكن لَم يسمح لي بأن أعيشَها بهدوء، بل أصبحَت رسائله تهطل عليَّ مِن كلِّ جانبٍ، يلقي باللَّوم عليَّ، يُشاركني مشكلات العمل التي أغضبَته، لا يَوَدُّ العمل مع شخص آخَر، ويُلقي باللَّوم عليَّ لسوء المشروع وجميع التحدِّيات الظاهرة، بل أصبح عدوانيًّا ومزعجًا، يقوم بخلق القصص ليقول إنَّني كنتُ السبب بذلك؛ لأنّي أردتُ مصارحته بما أشعر به.

يزداد وضعنا سوءًا أكثر فأكثر، ثمَّ تأتي مكالمة تبدِّد كلَّ ذلك الألم والاختناق؛ لأنَّه قرَّر أن يضع بصمة أمل بداخلي لَم أميِّز حينها أنَّها إحدى خططه اللئيمة الموجِعة لِيَشعر بالرضا عن نفسه، ثمَّ يجد طريقًا جديدًا ليقترب ويضمن تلك الوظيفة التي أصبحَت هاجسًا له.يدعوني لتناوُل القهوة ومناقشة كلِّ الأمور المزعجة، نجتمع في تلك القهوة الصغيرة، ونبدأ بالحديث، أعود لأسأله: هل تشعر بأي مشاعر تجاهي؟

يغضب سريعًا ويبدأ بالملامة، ثمَّ تصغير تلك المشاعر ووصفها بالعار.

أشعر بالاختناق لكلِّ الأوصاف المؤلمة التي وصفَني بها، أقف لأعود إلى سيَّارتي وأنا أختنق، تتسارع خطواتي، فلَم أعُد أستطيع أن أمسك مشاعري، أقود سيارتي وأنا أصرخ باكيةً،

لماذا يحدث كلُّ هذا؟! لا أعلم لماذا حدث هذا الأمر، إن كنتَ لا تشعر بالشعور نفسه فبإمكانك الرفض بألطف الطرق والابتعاد بهدوء، لماذا أردتَ تعذيبي؟!

أعود بذاكرتي إلى الوراء لأتذكَّر، ما الخطأ الذي فعلتُ، أعبث بأفكاري وخيالاتي لأتذكر ماذا أخطأتُ وكيف أخطأتُ!

تمرُّ الأيَّام مثقلة صعبة، لا أستطيع مواجهته، بل أصبحتُ أتهرَّب مِن وجوده، يبعث لي بكثير مِن الرسائل والاجتماعات وأقوم أنا بتجاهلها. مرَّ ذلك الصباح بطيئًا وأنا أسترق النظر إلى مكتبه لأرى إذا كان قد أتَى أم لا، لا أجده في أيِّ مكان، أحاول التَّظاهر بأنَّني سأقوم بتسليم بعض الملفَّات إلى قسم المالية، أقوم مسرعةً باحثةً عنه، ولا أجد له مكانًا، يخفق قلبي بشدَّة، أشعر بالتعرُّق في أصابعي وأنا ممسكة بهاتفي، أبعث له برسالة أكتب بها: "طمِّني عنك"، وما هي إلا دقائق حتَّى يأتيني الرُّدُّ بصورة المصعد ليقول: "لقد وصلتُ"، أشعر بعدها بطمأنينة أنَّه قادم، ثمَّ أعود متجاهلة غير آبهة لجميع الرسائل التي يُرسلها؛ لأنَّه يوَدُّ التحدُّث معي.

ينتهي اليوم وأنا متجاهلة ما يقارب خمس رسائل منه، وعندما قرَّرتُ الاستجابة فقدتُ اهتمامه، وأصبح هو بِدَوره يتجاهل جميع رسائلي.

قد خططتُ أن آخذ إجازة يوم واحد للذَّهاب إلى رحلة قصيرة برفقة بعض الأصدقاء، حاولتُ قضاء بعض مِن الوقت خارج ذلك التوتُّروالمطاردة المزعجة، لكن لَم تنجح الخطَّة، بل تحوَّلَتِ الرحلة إلى الحديث عنه، ولماذا قام بهذه الأمور معي، أصبحَتِ الحوارات تتضمَّن مشاعري وشعور الخذلان الذي شعرتُ به، بل أصبحتُ أمسك بهاتفي في كلِّ دقيقة لأتفقَّد أيَّ رسالة عابرة منه، وإذا لَم أجد أيَّ رسالة جديدة أعود لأقرأ جميع الرسائل القديمة، وتثور مشاعري غاضبة حانقة لا تهدأ.

كلُّ الإشارات التحذيريَّة التي تَصدر مِن عقلي تصرخ قائلة: إنَّه الشخص الخطأ على كافَّة الأصعدة، ولكنَّ قلبي وعاطفتي تتجاهل ذلك النداء.

أحيانًا أقرِّر أن أبدأ جلسة حوار بين قلبي وعقلي حتَّى نصِل إلى نتيجة تُرضِي جميع الأطراف، تنتهي الجلسة باتِّفاق مناسب، ولكن سرعان ما يقرِّر قلبي إعطاء فرصة أخرى أو النَّظر إلى الموضوع مِن زاوية أخرى.

تمرُّ الأيام والفرص تغدق مِن قلبي كما يغدق المطر على أرض جافَّة صحراوية لِيسقِيَها.إحدى خطط قلبي أن يتروَّى محاوِلًا استعطاف الشخص ومحاورته ببعض الأمور التي تشدُّ

انتباهه، بهذه الطريقة يُمكن أن يعترف هذا الشخص بمحبَّته، أو على الأقلِّ بإعجابه.

بدأنا صفحة جديدة رغبةً منِّي بأن أحاول بطريقة مختلفة أن أجعله يعترف بهذه المشاعر.

تمشي الأمور بشكلٍ جيِّدٍ، بل أصبحنا نتواصل بكثرة، ونتشارك أمورًا عدَّة، لكنَّ عقلي لَم يدَعني أكمِل هذا الخيال، بل حاوَل جاهدًا أن يُرسل إشارته التنبيهيَّة مرَّة أخرى ليقول: كفى وكفى.

أعود مرَّة أخرى لأن أحاوره وآخذه في مجرى الحديث إلى الاعتراف بمشاعره، ثمَّ يصفعني بالردِّ القاسي مثل ليلة مظلمة في شتاء قارس: لا أوَدُّ أيَّ علاقة عاطفيَّة مع أي شخص، بل إنَّني أملك علاقات كثيرة مع الفتيات الصديقات المقرَّبات، ولا أومن بوجود حبٍّ أو علاقة حميمة، بل إنَّها لا تتوافق مع مبادئي. أي مبادئ يُشير إليها؟! تستطيع الخروج مع فتيات وبناء علاقات يمينًا ويسارًا، تتضمَّن أحاديث فارغة، تراها شيئًا صحيحًا، ولكن لا تؤمن بوجود علاقة حقيقيَّة مع شخص يمكنك الاعتراف بحبِّه واحترامه!

أشفق كثيرًا على تلك المبادئ والعقليَّة المستعصية التي تتسلَّق النجاح على أكتاف البراءة، أراد أن يُبقيني قريبة

سعيدة وراضية بما يستطيع الدفاع عنه في المستقبل، إنَّه لَم يعِدني بشيء، فقط مِن أجل الوظيفة.

أصبحتُ أرسم حوارات وأسبابًا بأنَّه لا يوجد هناك أي إعجاب أو مشاعر حقيقيَّة شعرَها، بل فقط أراد أن يلعب اللعبة للحصول على وظيفة، بل أصبحتُ أجزم أنَّه يحبُّ فتاة أخرى، وربَّما هي أكثر مِن حبيبة، بل ربَّما هي زوجته، وهما في مقتبل الحياة العاطفية، وأراد أن يحصل على الوظيفة لِيَضمنَ لهما حياة كريمة.آه.. ما أصعب اللحظة الواقعيَّة التي أصابتني بدهشة! لا أعلم ماذا أقول، وكيف أشعر، وإلى أين سأغدو!

صفعات عاطفيَّة واحدة بعد الأخرى، تتوالى على قلبي، تُصيبني بخيبات كثيرة مريرة، أصرخ.. أبكي.. أتألَّم، أين المفرُّ؟ يا تُرى أين المفرُّ؟

أصبحتُ خائفة بأنَّها عواقب وخيمة كُتِبَت عليَّ لتقصيري في علاقتي مع الله، أصبحتُ أشكِّك في إيماني وروحانيَّتي، هل هي بسبب بُعدي عن الله؟! هل الله يعاقبني على تقصيري؟! لَم أتجاوز تلك الفكرة التي أصبحَت هاجسًا يزورني في كثير مِن المرَّات.

أكتب هذه الرسالة وأنا أعتصر ألمًا في جوٍّ ماطرٍ، أسمع صوت المطر والرعد قويًّا، وكأنَّ السماء تُبكيني وتشعر بالأسى لِمَا أَمُرُّ به.

أصمت قليلًا وتهدأ أفكاري، ثمَّ أعود لكتابة هذه الرسالة.

الرسالة العاشرة
(انتكاسة)

يمُرُّ ذلك الصَّباح بكلِّ هدوء وقوَّة، لقد قرَّرتُ أن أحذف رقمه مِن هاتفي كي لا أتفقَّد أيَّ اتِّصال، ولا أمسك بهاتفي لأبحث عن أيِّ سبب يَجعلني أتَّصِل به.

أمضيتُ غارقة في عملي غير آبهة لوجوده، فقد مرَّ اليوم ولَم أرَه، أو أجتمع به لأيِّ سبب كان.

قبل انتهاء العمل بساعة يأتيني منه اتِّصال ليقول لي: وِددتُ أن أخبركِ بأنَّني قد أُصِبتُ بفيروس كورونا، وأنَّكِ مِن الأشخاص المحتمَلين للإصابة بهذا الفيروس!

يخفق قلبي وأنا أسمع كلماته، ثمَّ أغلِق الهاتف وأنا مسرعة لأعمل على إشعار جميع الموظَّفين ليقوم كلٌّ منهم بعمل فحص حتَّى نطمئنَّ على صحَّتنا.يختفي عن عالمي أسبوعَين، لَم أستطِع التَّواصل معه كما كنتُ أحلم، لقد

اعتقدتُ بمجرَّد وجوده في داخل منزل وحيدًا منعزلًا أنَّ سلوكيَّاته قد تتغيَّر، قد يشعر بالحنين والفَقد لِمَا كنَّا نعيشه سَوِيًّا، بل على العكس كلُّ ما شعرتُه في الأسبوع الأول فتور وابتعاد وعدم رغبة في التَّواصل معي.

بُعده عنِّي جعلَني أدرِك وأُعيد جميع حساباتي، بل رغبتي المُلِحَّة التي كانت تدفعني للتَّواصل معه لَم تعُد موجودة، أصبحتُ حرَّة، كلُّ ما أراه هو أنَّني كنتُ تحت تأثير مشاعر أتوق لأعيشَها، ولَم تكن مشاعر حقيقيَّة.

ما أجملَهما مِن أسبوعَين يفصلان بيننا بكلِّ راحة وسعادة! لقد كنتُ سعيدة لا أبحث عنه في جميع أوقاتي.

بعد مرور ما يُقارب خمسة عشر يومًا يأتيني اتِّصال منه، تتَّسِع عيناي وأنا أرى هاتفي يرنُّ برَقَمه الذي حفظتُه عن ظَهر قلب.

أردُّ وأنا أشعر بقوَّة بأنَّني تخلَّصتُ مِن تلك المشاعر المؤلمة، نتحاور بحوار بارد جدًّا وكلِّي قوَّة وقدرة على عدم التَّواصل معه مرَّة أخرى.

أُغلِق هاتفي وأنا أشعر بنَشوة انتصار؛ لقد تحرَّرتُ مِن مشاعري، لَم يعنِ لي أيَّ شيء، ولا أشعر بأيِّ شيء. في اليوم التَّالي يعود للاتصال بنفس الوقت، اتِّصال بلا هدف، لقد كان يَوَدُّ التَّحدُّث وقضاء بعض الوقت وإبداء نوع مِن الاهتمام،

لقد كانت كلماته ونبرة صوته مختلفة، لا أستطيع نسيان تلك اللحظة التي ظننتُ أنّها شعور بالغيرة عندما أخطأتُ بلفظ اسمه، فقد ابتسمتُ بداخلي وأنا سعيدة بذلك الشعور، ثمَّ اهتمامه ليرَى ماذا فعلتُ خلال اليوم، فقد كان يطلب منّي التصوير ومشاركته الصور، لقد أراد أن يُشعِلَ لهيبَ هذه العلاقة مرَّة أخرى.بدأ عقلي بإرسال التَّنبيهات لقلبي بالقول إنّها مجرَّد خُدعة، لقد حاوَل جاهدًا أن يتلقَّى منك إخبارًا تخصُّ المؤسَّسة لاختفائه بسبب الكورونا، ولَم يجد منك ما أراد؛ لذلك قام بتفعيل خطة جديدة لأنَّه يعلم عمق مشاعرك، لقد أصبح يُبدِي نوعًا مِن الاهتمام والحرص والكلام الجيِّد، ثمَّ يعود قلبي ليقول: لِمَ لا تصدِّقي النهايات السعيدة؟

أعود بذاكرتي لأتذكَّر عندما أخبرتُه أنَّني سأذهب إلى مركز الشرطة غدًا لمؤازرة أحد الأصدقاء لتقديم شكوى، ولَم يُعجبه كلامي، وحاول أن يغيِّر قراري ولكن لَم يستطِع، ثمَّ في اليوم التالي وجدتُ منه عددًا مِن الاتِّصالات لِيخبرَني أنَّه يشعر بالقلق، ويَوَدُّ معرفة ماذا حدث معي كي يطمئنَّ.

قلبي كان متعلِّقًا بهذه اللحظة، ويحاول إثبات براءة هذا الشخص بهذا التصرُّف المؤثر.

عاد إلى العمل بعد انقطاع لمدَّة ثلاثة أسابيع، ما أجمل هذا اللقاء! فقد كانت تجمعنا مكالمة دافئة في تلك الليلة، وشعور شوقٍ يكاد يلتهب لقوَّته!

في صباح اليوم مبكِّرًا أراد أن يدعوَني على كوب قهوة، لكني لَم أستطِع قبول الدعوة؛ لأنَّني أَوَدُّ أن أحفظ تركيزي في العمل، ولا أسمح بأيِّ مشتِّتات، فقلتُ له بكلِّ لطفٍ: شكرًا، فقد قَبِلتُ دعوة تسبقك بدقائق.

أثار هذا الجواب غَيرته وانفعاله، مِمَّا أشعرَني بالرِّضا والشَّوق لرؤيته، كم وِددتُ في تلك اللحظة أن أرتميَ بأحضانه وأُقَبِّله بكلِّ حميميَّة وشغف وأنا أرى تلك الغمَّازة تظهر لشدَّة غضبه، خيالات مبعثَرة لَم ولن تُبصر النور مع هذا الرجل!عدنا لنكون أقرب مِن قَبل، بل أصبحنا نتواصل بشكلٍ يوميٍّ، مِمَّا دفعني لأن أسأله سؤالًا مهمًّا جدًّا: ماذا أعني لك؟ وما هذه العلاقة؟ لكنّي أتفاجأ بالرِّد عندما قال لي يصرخ: لِمَ لا تكفِّين عن قول هذه الأمور؟ لا أعلم لماذا تحبِّين تسمية الأمور، أنا لا أملك جوابًا، بل إنَّها ليست علاقة، ما هي إلا معرفة عابرة مِن خلال العمل.

لا أستطيع نسيان ذلك اليوم عندما قرَّرتُ أن أقف بجانب الطريق وأنا أضرب بِيَدي على المقوَد ودموعي الحارقة تنصهر على وجنتيَّ، فقد قرَّرتُ أن أقول بكلِّ هدوء رغم العاصفة التي أحملها بداخلي: إذًا لا أوَدُّ أن أرى رقمك يتَّصِل بي.. وأغلقتُ الهاتف.تمضي الأيام ونحن نتجاهل التحدُّث بأي شيء بعيدًا عن العمل، أصبحَتِ الحوارات لا تتجاوز ثلاث دقائق فيما يخصُّ العمل فقط ولا شيء بعيد عنه، كلُّ ما أستطيع قوله بأنَّها أيام مثقَلة صعبة جدًّا جدًّا عليَّ أنا بالتَّحديد، عندما أعاد شعلة الأمل التي أحملها بداخلي لَم أستطِع أنا بِدَوري إخمادها، بل أصبحت مشتعلة، لا أعلم متى ستنطفئ.يكاد النوم أن يجفوَ عينيَّ وأنا أفكِّر وأحلم بأيِّ إشارة أو فرصة تنتشلني مِن ذلك العالم القاسي، لماذا لَم أجد الرجل المناسب؟ ماذا يمنعني؟ لماذا أشعر بذلك الحزن والفراق؟

أشعر بالفشل الذي يعتصر قلبي ألمًا، فلَم أنجح في أيِّ علاقة في حياتي، جميع علاقاتي العاطفيَّة لا تكتمل، ولا أصِل لنهاية منشودة كما حلمتُ بها.

أشعر بنار ذلك التعلُّق الذي يملأ قلبي وعقلي، متعلِّقة بفكرة الارتباط بشخص أحبُّه، والتعلُّق بأيِّ رجل يشعل بقلبي عواطف أتضوَّر جوعًا لأن أشعرَ بها.

حياتي تنقسم إلى ثلاثة أقسام، القسم الأول وهو الأكبر، علاقاتي العاطفيَّة والتغذية الرومانسيَّة التي أسعى لها دائمًا، القسم الآخَر، ويقِلُّ بشيء صغير عن القسم الأول، وهو عملي وكلُّ ما يتعلَّق بحياتي الوظيفيَّة التي أضع لها أهدافًا وخططًا، ويهمُّني أن أكون في استقرارٍ تامٍّ لأتمكَّن مِن الوصول إلى القسم الثالث، وهو القسم الأصغر، السفر والرحلات خارج البلاد للاستكشاف والشعور بلذَّة المعرفة، ولا أستطيعَ أن أسقيَ هذا القسم لوجود كثير مِن المعوِّقات التي لا تسمح لي بأن أكون حرَّة في هذا الجانب. في أحد الأيَّام الصعبة الباردة التي أحاول فيها جاهدة ألَّا أسيطِر على مشاعري في العمل عندما أرى الفاتن الأسمر، قمتُ بحضور اجتماع طويل جدًّا في آخِر النهار في مكتب الرئيس التنفيذي، وكانت التدفئة عالية جدًّا في ذلك المكتب الذي أمضَينا فيه ما يُقارب الساعتين والنِّصف، فقد اشتعل جسمي ورأسي حرارة، ولا أستطيع قولَ أيِّ شيء، كنتُ أفتح علبة الماء وأرتشفها بهدوء للتخفيف مِن الحرارة الملتهبة، جبيني يتصبَّب عرقًا، ودقَّات قلبي تتسارع عندما خرجت مِن ذلك المكتب، لَم أعُد أستطيع أن أتمالك نفسي، قمتُ بالتقاط أمتعتي والخروج إلى سيَّارتي، فقد وِددتُ الهروب مِن ذلك اللهيب الذي يقبع في دواخلي.

ركبتُ مسرعةً أقود سيّارتي، وكلُّ ما أشعر فيه أنَّ السيارات تتراقص أمامي، فلَم أجد نفسي إلا وأنا أرتطم بتلك السيارة أمامي، فقد صرختُ بأعلى صوتي، وأصبح جسمي يرتعش مِن الخوف، لا أعلم ماذا أفعل، فقد اتَّصلتُ بأمّي لأشعر بجزء مِن الاطمئنان.

أمضيتُ ساعتَين أخريَين في موقع الحادث بانتظار انتهاء الإجراءات ثمَّ الذَّهاب إلى المنزل.

أخذتُ حبَّتَين مِن مسكِّن الألم، ثمَّ هاتفتُ عملي لأخبرهم بأنّي لا أستطيع القدوم غدًا وإعلامهم بذلك الحادث.

لقد كانت هناك تساؤلات في داخلي إذا كان سيَفتقدني في العمل، هل سيُهاتفني؟ هل سيَشعر بالقلق تجاهي؟

نمتُ في تلك الليلة وأنا أحاور جميع هذه التساؤلات وأبتسم لأنَّني أشعر بأنَّها قد تكون فرصة لأسمع صوته مرَّة أخرى.

استيقظتُ في الصباح الباكر، وكلُّ ما فعلتُه بأنَّني أمسكتُ بهاتفي لأتأكَّد إذا كانت هناك رسالة منه أو اتِّصال، فلَم أجد، طمأنتُ نفسي بأنَّ الوقت لا يزال باكرًا.

تتوالى عليَّ اتِّصالات مِن الزملاء والزميلات للاطمئنان وأنا بانتظاره ليُهاتفني أيضًا.

بعد مرور ساعة يرنُّ هاتفي، يصرخ برقمه، أجيب وأنا قلبي يرتعد قلقًا وشوقًا وحزنًا وعتبًا، يأتيني صوته هادئًا ليخبرني بأنَّه لا يستطيع الحضور إلى العمل، ويَوَدُّ منّي مساعدته في بعض متعلِّقات العمل.

أشعر بخيبة لأقول بحزن: أنا لَم أذهب اليوم.

يعود ليسألني عن السبب، فأجيب بتفاصيل الحادث، لَم أجد في صوته ما يبعث الإحساس بالخوف والاهتمام، بل أكمل تفاصيل العمل، ثمَّ أخبرني قَبل إنهاء المحادثة بأنَّه سيَعود لمحادثتي في المساء.أشعر بالشوق والخيبة، بالحبِّ والغضب، جميعها في آنٍ واحد، لماذا لَم يكترث؟

أحاول جاهدةً مساعدته فيما طلبَه منّي، ثمَّ عندما انتَهيتُ أدرتُ رقمه في هاتفي، فقد وجدتُ سببًا يبعث على الاتِّصال، ثمَّ يصفعني بأن أغلَق هاتفه وأرسل رسالة يقول فيها: "لا أستطيع الاتِّصال، إذا كان هناك شيء فقومي بكتابته في رسالة".تعود الهزيمة في قلبي مِن جديد، كيف له أن يتجاوز كلَّ شيء؟! كيف له ألَّا يشعر بأي شيء تجاهي؟! كيف استطاع أن يَحبك هذه التمثيليَّة ولَم يهرب منه قليل مِن المشاعر تجاهي؟! ما هذا القلب الصامد الذي لَم يحنَّ لأي شيء عشناه؟! فأنا أعتقد أنَّ أيَّ قلب سَيَحنُّ ويضعف ويشعر بشيء، فقد جمعَتنا

مواقف كثيرة مليئة بالعاطفة والشَّوق، كيف لك أن تصمد خلالها؟!أكتب هذه الرسالة في المساء الذي حلَّ ولَم يأتِ ذلك الاتِّصال المنتظَر الذي وِددتُ أن يرويَ عطشًا، أو يجبر كسر ذلك القلب المتهشِّم.

الرسالة الحادية عشر
(وداع ولقاء)

أعلم أنَّك تقرأ حروفي وأنت تتساءل: لقد أحببتِ مِن بَعدي شخصًا آخَر، وتصِفينه في رسائلكِ لي أنَّكِ وجدتِ ذلك الأسمر الفاتن المتعجرف، ولَم يعُد لي مكان بقلبك.

خيالي يصوِّر لي تلك الفكرة، لكن دعني أقول لكَ بأنَّ تعلُّقي به لأنَّني أحببتُكَ، وعرفتُ معنى الحبِّ معكَ، وأصبحتُ مدمنة لأن أعيشَ قصَّة حبٍّ ناجحة، وهأنا أعتصر ألمًا مِن التعلُّق والحسرة لأنَّني وقعتُ ضحيَّة لمشاعري وعواطفي الجيَّاشة. حبيبي صاحب برج الميزان، هل تعلَم أنَّ الأسمر الفاتن يحمل نفس اسمك ولكن يختلف عن جميع تصرُّفاتك؟ أصبحتُ أراه قضيَّة اجتماعية تحتاج إلى متابعة وإنقاذ، وهو بدَوره يحتاج إلى إنقاذ؛ حيث رأيتُه يغرق ويغرق في أمور

الحياة، يحمل أسلحة لِيُدافع عن نفسه، ويعيش في حالة متأهِّبة لِيَشُنَّ الحرب على أي شخص يقترب منه.

أثارني ذلك السِّرُّ الذي حملَه في أحشائه، وأنت تعلَم جيِّدًا بأنَّني في حياة أخرى معالجة نفسيَّة، أريد أن أتبنَّى كثيرًا مِن القضايا لإصلاحها.إنَّه الوداع، اللحظة الحاسمة، الرصاصة التي قتلَت جميع محاولاتي عندما قرَّرنا أن نُنهِيَ ذلك العقد الذي بيننا، ولا يوجد هناك مشروع لنا جميعًا، بل سوف يتمُّ استبداله بصاحبٍ خبرةٍ قد يكون أفضل منه، لقد حاولتُ كتمان هذا السرِّ في قلبي لمدَّة أسبوعَين إلى أن وصلت لحظة الانفجار، ولَم أستطِع بعدها أن أظلَّ حبيسة ذلك السرِّ، فقد قلتُ له جميع التفاصيل، وذلك كان خاطئًا تمامًا؛ فقد دفعَه الخبر للجنون، وأصبح عدوانيًّا بشكلٍ تامٍّ وكبيرٍ، وصار يُلقِي اللَّوم عليَّ في كلِّ شيء، ولَم يترُك شيئًا إلا وقتَلَني به.

لَم أرَ شخصًا متعجرفًا ومخطئًا مثله، يقول جميع الأشياء الخاطئة، ويشرح جميع الأشياء الخاطئة!

لَم أعُد أستطيع الاحتمال، فقد أغلقتُ الهاتف في وجهه، ولَم نتحدَّث بعدها لمدَّة أسبوعَين آخرَين، وكنتُ أنا مَن بدَأ الحوار لشوقي له فقط لا أكثر.الكون كلُّه يُشير لي بأنَّه شخص غير مناسب على جميع الأصعدة، وأنا ما زلتُ أبحث عن ذلك

السرِّ المكمون في دواخله لأستطيع أن أرى شخصًا أفضل منه، وربَّما لن أستطيع ذلك ما حييتُ.

مِن ضمن الأشياء التي تحاوَرنا بشأنها أن يفتحَ قلبه لي، وأن يسمح لي بالاقتراب، ولكن عند كلِّ محادثة ينفجر عليَّ بملامة فقط؛ لأنِّي بدأتُ بأخْذ الحوار إلَّا جهة المشاعر، لقد كان يَكره حديثي عن المشاعر والعواطف؛ لأنَّه يخشى الاقتراب بشكلٍ كبيرٍ، فكلُّ تركيزه على الحريَّة التي يعتقد أنَّها حريَّة. كلُّ ما أريده أن نصبح شخصَين قريبَين مِن بعضنا، يجمعنا القدر بكلِّ الاحتمالات الجميلة، لقد كنتُ أتخيَّل أن أمسِك بيده التي لطالما رأيتُه يلوِّح بها عاليًا عندما يحاول أن يشرح شيئًا معيَّنًا، أو أن أُقَبِّل شِفاهه خاصَّةً عندما أراه يبتسم بهدوء وتظهر تلك الغمَّازة.

كم وِددتُ أن أعانقه عندما أراه يقف أمامي ليُحَدِّثني عن أي أمور، فلَم أكن مصغية لِمَا يقول، بل مستمِعة جيِّدة لأفكاري الجامحة التي تدور حوله. أغمِض عيني وأنا أتوسَّد تلك الوسادة التي حملَت دموعًا كثيرة بسبب قصص عاطفية لَم تكتمل، وإحداها قصة الأسمر المتعجرف.

أغلق عيني، وأستنشق نفَسًا عميقًا، ثمَّ أقوم برسم مشهد خيالي، أراه يدخل مِن الباب وهو يتحدَّث بالهاتف، يعقد

صفقةً ما وأنا أجلس في مكتبي المنزلي أعمل على كتابة إحدى الحلقات التي ستُعرَض على إذاعتي الصوتية.

يقترب منّي وهو يتحدَّث بالهاتف، يُقَبِّلني ويهمس بأذني:
اشتقتُ إليكِ.

يُنهي المكالمة لنتناولَ عشاءً دافئًا في ضوء الشموع، ثمَّ نتبادل أحاديث تخصُّ العمل، ثمَّ نبدأ بأحاديثنا المضحكة التي تتضمَّن محاولاته لاستفزاز غيرتي كي يراني أعود طفلة صغيرة ترتمي بأحضانه، ولا تَقبل أن تترك مجالًا لأي شخص آخَر.

كم هي جميلة تلك القصة! فقد كنتُ أردِّدها في مخيِّلتي كلَّ مساء قبل أن تغفوَ عيناي.

المؤلم هو أنَّني لا أعلم مشاعره، ولا أعلم إن كان يبادِلني أيَّ مشاعر، فقد ضِقتُ ذرعًا مِن هذا السؤال: هل يحبُّني مثلما أحبُّه؟

لَم يأتِ الجواب أبدًا، بل أصبحتُ موقنة بأنَّه لا يعرف معنى الحبِّ، ولا يُكِنُّ لي أيَّ شعور نبيل...

لماذا تعلَّق قلبي بهذه المأساة؟! وإلى متى سأظلُّ حبيسة مشاعر وأحلام ضيِّقة لَم تتَّسِع في آفاق الحبِّ أبدًا؟!هذا هو المساء المثقَل بعد تلك المحادثة التي انفجرتُ بها أصرخ وأنا أقول كلَّ ما يحمله قلبي مِن مشاعر، وبأنَّني لستُ مجنونة

أتظاهر بالحبِّ، بل كنتُ أستقبل كلَّ الإشارات منه والعلامات التي تدلُّ على أنَّه معجب تمامًا، لكنَّه أراد فجأة أن ينسحب ويترَكَني في تيار أواجِه ذلك الرفض، ولا أستطيع أن أفهم أين أخطأتُ.

أعترف بأنَّني قسَوتُ في تلك المحادثات؛ لقد قلتُ كلَّ شيء، ثمَّ أغلقتُ الهاتف وحظَرتُ رقمه، مِمَّا دعاني لاحقًا أن أندم بأنَّني لا أعرف إجابته عن تلك المشاعر الجيَّاشة التي هربَت مِن دواخلي لتستقرَّ في عقله حتَّى وإن كان يرفضها.

أكتب هذه الرسالة وأنا أودِّعه بقلب ينزف ألمًا وحسرة على تلك المسرحية التي اخترتُ بكامل إرادتي أن أكون جزءًا منها، بل لعبتُ دورًا رئيسًا بها؛ فقد كنتُ الدَّور الرئيس والضحيَّة والمشاهِد الذي يضحك في آنٍ واحدٍ.

يومان لَم أرَه فيها، ولا أعلم ما قد يحدث في الأيَّام المقبلة، ولكن حتمًا بكلِّ تأكيد فهو وداع ولقاء، سألقاك لأقول وداعًا.

الرسالة الثانية عشرة
(حديث مع الذات)

هذه رسالة أوجِّهها لروحي، أخاطب بها عقلي وقلبي، أحاكي بها أحزاني، أقف عند حدود ذلك اللقاء الذي لَم يحدث كي أقول وداعًا.

ما أصعب هذا الرجل، وما أعقد تفكيره! لَم أستطِع الحصول على ساعة وداع تليق بمشاعري، أخذ يقلِّبني يمينًا ويسارًا بتلك الأحاديث التي لا تعني لي شيئًا، فقط لأنَّني هاتفتُه لتحديد يوم اللقاء، وانتهَتِ الأحاديث المزعجة الصامتة عن كلِّ ما هو جميل أو جديد بأن أغلقتُ الهاتف منفعلةً أصرخ: يا له مِن معتوه!

أُدرِك قسوة الأحاديث التي أفقدَتني روحي، وذهبَت بي إلى حدِّ العذاب، لماذا أسمح بوجود تلك الشخصيات التي تستهلك

طاقة ومجهودًا يؤدّي إلى الإحباط وأحيانًا كثيرة إلى الآلام الجسدية قبل النَّفسيَّة.

تمرُّ أيام كثيرة أعلم بها أنَّني لا أَوَدُّ أن أُقدِم على أي خطوة، فعقلي يرسل إليَّ هذه الرسائل، يخاطبني ويحاكيني ليطلبَ منّي التوقُّف عن أيِّ قرار أو أيّ خطوة ستهوِي بي في سابع أرض، ورغم ذلك أعاند ذلك العقل ضاربةً به عرض الحائط، معلنةً هزيمتي أمامه لاحقًا.

العلاقة بين قلبي وعقلي جميلة جدًّا في كثير مِن الأحيان، فهم على وفاق تامٍّ عند البَدء بأي علاقة جديدة، لا يستطيع قلبي أن يُقدِم على خطوة مِن غير موافقة عقلي، ولكن سرعان ما يفقد قلبي على السيطرة، ويبدأ بالإقدام على كثير مِن الأمور دون الرجوع إلى عقلي، وعند حدوث أي مشكله يلجأ قلبي إلى عقلي، مقدِّمًا تبريرًا مقنعًا واعتذارًا بألَّا يكرِّر ذلك الخطأ، حينها يستجيب عقلي، ويعودان على وفاق.إليك يا عقلي الذي كنتَ حليفًا لي في كثير مِن القرارات الناجحة، أعلم كم مرَرنا بمراحل في هذه الحياة، نجحنا بها ورأينا بها ثمار ذلك النجاح، أعلم بأنَّني أهنتُكَ في كثير مِن التجارب وهذه التجربة تحديدًا، موقنةً تمامًا بأنَّكَ بعثتَ لي بكثير مِن الأمور والرسائل لتنبِّهَني على هذه التجربة، أردتَ أن تحميَني، أن توصِّلَني إلى برِّ الأمان،

وأنا بِدَوري لَم أنصِت لتلك الإشارات، ولكن دعنا نعترف بأنَّني لَم أُقدِم على شيء قبل مشاورتك حتَّى وإن كنتُ في كثير مِن الأحيان لَم آخذ تلك المشورة بعين الاعتبار.

أوَدُّ أن أقدِّم خالص اعتذاري إليك، فهل يا تُرى ستَقبل اعتذاري؟ هل ستُساعدني الآن في الخطوة الجديدة القادمة؟ لقد غادرتُ هذه التجربة الأخيرة وأنا أكتب الدروس المستفادة وأرسم خارطة لطريقي الجديد الذي أعلم جيِّدًا بأنَّني سأكون أقوى مِن خلاله.عزيزي ذلك القلب، الآن دَورك لأقدِّمَ إليك اعتذاري، وأربت عليك، وأرفع لك قبَّعتي لأنَّك صمدتَ رغم الظروف، ولَم تكن مؤذِيًا لكلِّ مَن قام بإيذائك.

ما أحنَّ ذلك القلب، وما أجمله! أعلم بأنَّ هناك جروحًا ما زالت تنزف، وهناك آثار متبقِّية لبعض مِن الجروح، وأخرى اختفَت ملامحها مع الزمن عندما قمنا برحلة تشافٍ، واستُبدِلَت بزهور ملوَّنة تحوم حولها كثير مِن الفراشات.

أوَدُّ أن أعلنَ إخلاصي والتزامي التَّامَّ برحلة جديدة للتشافي كي نغلقَ تلك الجراح الدامية ونمحوَ الآثار المتبقِّية، سأكون أكثر حرصًا وأكثر حذرًا وأكثر تعلُّقًا بك وحدك وليس غيرك، سأستقبل وأُرسِل الحبَّ منك وإليكَ.

لماذا لا ندعو عقلي ليشاركنا هذه الرحلة وتصبح رحلة تشافٍ كاملة تشمل القلب والعقل معًا؟!سأقوم الآن بالتجهيز للبدء بهذه الرحلة الجديدة للتشافي، ولكن في هذه المرَّة أَوَدُّ التَّأَكُّد مِن أنَّني وضعتُ جميع الأمور اللازمة لنأخذَها معنا، الخريطة هي الشيء الأول الأساسي الذي أَوَدُّ أن أبدأ به، وسأقوم بمراجعة تلك الخريطة جيِّدًا.

أوَّلًا: ما تحتوي عليه الخريطة، المكان الذي نَوَدُّ الوصول إليه مِن خلال طريق واضح جدًّا وسهل، ولكن غير مختصر، سنتجنَّب أيَّ اختصارات لكَيلا نقع في الفخِّ.

ثانيًا: الوقود، نحدِّد أماكن الحصول عليه خلال طريقنا لكَي نتأكَّد مِن الوقوف بها لشحن الطاقة الإيجابيَّة.

ثالثًا: سأعِدُّ لائحة جميلة لقائمة أغاني لنستمتعَ بها أثناء الطريق، كلُّ ما يُمتِّعنا ويجلب لنا الفرح، مثل القصص والتَّجارب المُلهِمة.

رابعًا: غذاءٌ جيِّدٌ يَكفينا ويُعينُنا على هذه الرحلة، كلُّ الروحانيَّات التي تزيد مِن تغذيتنا وقوَّتنا، الآيات القرآنية والأدعية المطَمئِنَّة للروح.دعَونا نتحدَّث عن الأمور التي يجب علينا أن نتجنَّبها خلال هذه الرحلة، وأحدها النَّدم الطويل على أيِّ قرار خاطئ.

لنكُن حُلَماء على أرواحنا، ونعلم بأنَّه مطبٌّ يُواجهنا في الحياة، نتجاوزه بالأمل والتعلُّم، مهما كان الأمر الذي ننزف ندمًا عليه نجعل هناك مساحة أمانه لنطمئنَ ونمضيَ بعدها بحبٍّ وإيمانٍ قويٍّ بأنَّ القادم أفضل، فما هي إلا تجربة عابرة تعلَّمنا منها درسًا قيِّمًا يُرافقنا بالحياة.

أيضًا التأنيب الذي نَشعر به قد يَقتلُنا ويذبُل أجسادنا، ولا نستطيع بعده التحرُّك والمُضِيَّ قُدُمًا.

هذه وحوش تحمل أسلحة لتحارِبَنا، فلنكُن مستعدِّين للتصدِّي لها، ولا نَقبل الهزيمة والاستسلام.عندما بدأتُ هذه الرسالة كنتُ مثقلة بالمشاعر، مُنهَكة، ودِدتُ أن أعتذرَ وأن أسردَ كلَّ الأخطاء والتبريرات لها، أستعطف عقلي وأُقوِّي قلبي بالكلمات التي تنعصر مِن مخيِّلتي، لكن سرعان ما تغيَّرَت موجتي عندما ارتشفتُ كوب القهوة الساخن اللذيذ أمامي، وقرَّرتُ أن أكون منصفة لهم جميعًا. وأن أحمل أطياف التفاؤل لنتيجة أفضل.أخطأتُ في التجربة الأخيرة أخطاء فادحة، ولكن أعود لأقف بأمل جديد ورحلة جديدة، أدعوكم لمرافقتي مِن خلالها.

وقبل النهاية أوَدُّ أن أضيف تحذيرًا بأنَّ هذه الرحلة للجادِّين فقط.

الرسالة الثالثة عشرة
(أمواج متلاطمة)

بعد مرور سنة على تلك العلاقة التي عصفَت بي كأمواج متلاطمة يا حبيبي صاحب برج الميزان، قرَّرتُ بعد أن وضعتُ خطَّة التَّشافي الخاصَّة بي بعد مروري بتجربة قاسية على روحي لَم أدرِك حقيقة الألم الذي وضعتُ نفسي به، أن أقوم بمهاتفتك لأطمئِنَّ عليك وعلى قلبي إذا كان ما زال يحمل مشاعر تعلُّق تجاهك.

حاولتُ جاهدةً أن أسترجع رقمك، ولَم أستطِع تذكُّر الرقم كاملًا، عدتُ لأبحث في هاتفي وأقلِّب يمينًا ويسارًا إلى أن وجدتُ رقمك، ثمَّ قمتُ بالاتِّصال.

إصرار على أن أجد رقمك غريبًا جدًّا رغم معرفتي التامَّة وقناعتي أيضًا بأنَّني أستطيع تجاوزك والمُضِيَّ قُدُمًا، ولا أَوَدُّ إجراء هذا الاتِّصال، لكنَّ وجودي في شهر فبراير (شهر الحبّ)،

ووجود تلك الإشارات والصور التي تظهرلي عن علاقات الحب تخذلني في كلِّ مرَّة؛ لذلك كانت مشاعري متأجِّجة، وأردتُ أن أقوم بهذا الاتصال مهما كلَّف الأمر.أتاني صوتك، واختفَت جميع التساؤلات التي وضعتُها قبل أن أهاتفك، كم ألفتُ ذلك الصوت وتلك الضحكة وذلك الحبَّ رغم جميع الأوجاع التي تخلَّلها!

كان اتصالًا عابرًا باردًا لا يملك مشاعر، بل يملك بعضًا مِن الملامة، وتحسُّرًا مِن نوع غريب جدًّا.

لَم أجد ضالَّتي في هذا الاتِّصال على الإطلاق، بل زادت أحمالي بَعده، وأصبحتُ في توتُّرٍ مستمرٍّ إلى أن قرَّرتُ الذَّهاب إلى النَّوم ومحاوَلة التخيُّل أنَّ ما حدثَ حلم فقط.أمواج تعصف بمشاعري المتقلِّبة بشكلٍ كبيرٍ جدًّا، فأنا ما زلتُ أسيرة إلى هذه التجربة التي ظننتُ أنَّها المنجَى والعِوض بعد قصَّتي معك.

عندما التقيتُ بهذا الأسمر الفاتن المتعجرف كنتُ مؤمنة بأنَّني وجدتُ الحبَّ الذي بحثتُ عنه في علاقتي معك، وأصبحتُ موقنة بأنَّه العِوَض الذي انتظرتُه، لكنَّ الرفض الذي صفعني وجرح كرامتي وكبريائي لَم يكُن سهلًا، بل أضاف حملًا على ذلك الحمل وألمًا فوق أيِّ وجع.. وأيَّ ألَم.

هل تَعلَم أنَّني أراه كلَّ يوم في عملي ولَم أستطِع تجاوُز نظراته ورائحته وجسده عندما ينحني ليخاطب أيَّ شخص آخَر كنوعٍ مِن الاحترام؟!

أراه يتجوَّل، ويتجنَّب أن يُصادفَني، وعندما نتصادم في أي مَمَرٍّ يركض سريعًا لِيبتعدَ، لا ينظر إليَّ ولا يبتسم ولا يفكِّر أن يوَجِّهَ أيَّ كلمة لي.لا أعلم إذا كان شعور الشَّوق لشخص يوجد أمامي ولا أستطيع التحدُّث إليه شعور حقيقي وطبيعي، لا أعلم إن كان ما أشعر به تجاه الأسمر الفاتن هو حبٌّ حقيقيٌّ أم هي مجرَّد مشاعر مبعثَرة لا يوجد لها مبرِّر أو دليل.

لا تهدأ مخيِّلتي في كثير مِن الأيَّام، تبحث عن المزيد مِن الإثارة في كلِّ مرَّة رأيتُه بها، أعود إلى المنزل أجرُّ أذيال الخيبة بأنَّني لَم أحظَ بدقائق ممتعة مع هذا الأسمر الفاتن، بل العكس أراه يتهرَّب ويمتنع عن محادثتي تمامًا، هل تعلم بأنَّني أترقَّب بعضًا مِن أخباره مِن بعيد بطريقتي الخاصَّة؟ أوَدُّ معرفة هل هو بخير أم منهَك نفسيًّا ومتعَب.أقاوِم جميع المشاعر التي أعيشُها، أشعر بالحبِّ والغضب والكُره والسعادة في آنٍ واحدٍ، أحاور عقلي لأقول هل انتهاء المشروع واختفاؤه مِن حياتي تمامًا أفضل ما يُمكنني الحصول عليه؟ أم سيؤلِمني ذلك الغياب؟ هل رؤيته بخير أمامي رغم عدم قدرتي على

التحدُّث معه أفضل بكثير أم أسوَأ بكثير؟حانت ساعات الرحيل والوداع الأخير، ولا أعلم لماذا يُخالجني ذلك الشعور المنهك المؤلم، تبقَّت أيام معدودة على انتهاء المشروع ومغادرته المشروع تمامًا وأيضًا حياتي، فلن يجمعَني معه أي لحظات أو ثوانٍ عابرة، سيختفي، سيتلاشى، لا يوجد أيُّ شيء يَربطنا جميعًا، سيُصبح حلمًا وانتهى، لن يتذكَّره في حياته، ولن أتجاوزه بالسُّهولة التي أحلم بها.أعلم أنَّ رسالتي قصيرة هذه المرَّة حبيبي صاحب برج الميزان، ولكن كانت أمواجًا تعصف بي وأردتُ أن أكتبها لعلَّها تهدأ ولا تُصيبني بغثيان قوَّتها.

انتظِر مِنّي رسالة تحمل دموع الوداع؛ لأنَّك تَعلم بأنِّي أكره الوداع بكلِّ أنواعه.

الرسالة الرابعة عشرة
(مُرُّ الوداع)

ما أثقل صباحاتي هذا الأسبوع! تكاد الأيام تؤرقني، أراها تتطاير وتسرع وتُبحِر، تعصف بي وتيرة بعد وتيرة.

إنَّه الأسبوع الأخير الذي يقضيه معي الأسمر الفاتن، ستنتهي جميع الأمور والأيام، أختنق وأتألَّم، لقد شعرتُ بجميع الآلام والأحزان المثقلة للأسبوع الأخير، فقد قرَّرتُ أن أتجنَّب كلَّ هذا الوداع، وأن أطالب بإجازة مستعجلة كي لا أراه في الأيَّام الأخيرة.

قمتُ بتقديم إجازة ومِن ثَمَّ اختفاء تامٌّ لمُدَّة يومَين، يأتيني اتِّصال منه يكاد يبدِّد كلَّ ما أشعر به، فلَم تكُن هذه الإجازة جميلة، لقد كنتُ أشعر بحسرة لعدم معرفة أي أخبار عنه؛ لذلك حسمتُ رأيي وعدتُ في اليوم الثالث أقطع إجازتي وأتواجد في المكتب مِن الصباح الباكر.يتبقَّى يومان تحديدًا

على وجوده، بدأنا خلالها نتجاذب بعضًا مِن أطراف الحديث،
بدأتُ أسرح بخيالاتي، وأحاول أن ألمس طرف إحساس مِن
قِبَله، وربَّما هذه النهاية التي تحمل معها بداية لنا معًا.

الرسالة الخامسة عشرة
(الولادة من جديد)

حبيبي صاحب برج الميزان، لا أعلم إن كنتَ ما زلتَ تحبّني كما تقول، وأنَّك تشعر بجميع ما أشعر به حتَّى وإن لَم يكن هناك أيُّ تواصُل بيننا، فقد أدهشَتني اتِّصالاتك المتكرِّرة التي لَم أُجِب على أيٍّ منها بعد عودتي مِن رحلة النقاهة القصيرة التي أخذتُها بعد مرِّ الوداع.

دعني أصحبك معي في هذه الرحلة مِن البداية، وذلك بعد أن فارقَنا هذا الأسمر الفاتن، وأصبحَتِ المكالمات بيننا مزعجة ومشحونة، مليئة بالصراخ والانفعال والتجريح؛ فقد أغلقتُ هاتفي وقرَّرتُ الذهاب مع أحد الأصدقاء إلى الأردن كي أستمتع في رحلة استرخائية أمام البحر، لا شيء آخَر، لَعَلِّي أنسى بعدها كلَّ ما تحتويه التجربة المريرة.بالبداية وِددتُ أن أكون في هذه

الرحلة وحدي، لكنَّ هناك جانبًا صغيرًا مِنّي أراد أن يكون شخصًا آخَر يشاركني الرحلة.

تردَّدتُ في البداية، لكني لَم أضع تفكيرًا عميقًا في هذه المسألة، وقبِلتُ أن يرافقني صديقي.

لَم أخبرك مِن قبل عن هذا الصديق، حيث كنَّا معًا منذ الطفولة، ونشأ حبٌّ مِن طرف واحد بيننا؛ فقد كان يحبُّني ولَم أبادله الشعور نفسه، وأصبحَتِ العلاقة تزداد توتُّرًا إلى أن قرَّرنا أن نُنهيَ هذه الصداقة، وأصبحنا نسأل عن حالنا بين الحين والآخَر.

لَم أجد في هذا الشخص غير رائحة الماضي، الحنين لتلك الطفولة البريئة، الحضن الذي يُعيدني إلى سنوات كنتُ سعيدة فيها وأسعى لتحقيق أحلامي الكبيرة، ولا أعلَم ما تخبِّئه لي الأيام.

بعد مرور ما يُقارب خمس سنوات لَم أرَ فيها صديقي، والآن أراه أمامي واقفًا يمدُّ بطاقة الصعود إلى الموظَّف قبل الدخول للطائرة.

سرحتُ بأفكاري بعيدًا إلى تلك الأوقات، الأيام التي كان يحاول بشتَّى الطرق أن تنشأ بيننا علاقة حب وزواج، وكنتُ غير

آبهة، ماذا لو وافقتُ وأصبح زوجي وها نحن الآن نذهب لقضاء عطلة زوجيَّة نعيش فيها بعضًا مِن الخصوصية والاسترخاء؟

قاطَعَني صوت الموظف وهو يقول: الجواز مِن فضلك.وصلنا إلى الوجهة المنتظَرة، المنتجع الذي وِددتُ أن أسترخيَ فيه تمامًا، فقد قمتُ باختيار كلِّ شيء وترتيب كلِّ الأمور والإجراءات، شاملةً التذاكر ومدَّة الإقامة وكلَّ شيء.

لَم يتدَخَّل في أي مِن القرارات صديقي المتحمِّس لهذه الرحلة رغم إصراري بأن يُشاركني رغبته؛ لربَّما لا نتَّفِق فلا داعيَ لهذه الرحلة مِن الأساس، لكنَّه لَم يشاركني أيَّ شيء.

أول يوم كان صديقي متحمِّسًا، مندفعًا ملبِّيًا لجميع رغباتي، عندما أطلب أيَّ شيء كان يقول: حسنًا.. لنقُم بتلك التجربة.. ولكن سرعان ما انطفأَت شعلة الحماس وأصبحَتِ المجادلات تكثر وتزيد على كلِّ شيء، ابتداءً بالسَّكن والأماكن التي أوَدُّ زيارتها، وأنا بطبيعة الحال عنيدة لا أقبل أن تتأثَّر خططي أبدًا.في إحدى الليالي التي قضَيناها بالمنتجع، أراد صديقي أن يزورني بغرفتي، بما أنَّني أسكن في جناح يحتوي على صالة وغرفة وسفرة طعام، فأراد أن يزورني لنطلب العشاء ونشاهد فيلمًا مع بعضنا البعض كنوع مِن التغيير.

وافقتُه على الخطة، وبحثتُ عن فيلم نشاهده، ابتدأتِ الليلة بجدال على اختيار الفيلم، ومِن ثمَّ أراد أن يغلق الفيلم بعد هذا الجدال الطويل، وخرج يصرخ بأعلى صوته وهو يقول: كم أنتِ عنيدة الطبع!

أغلقتُ الباب وأنا أصرخ بِدَوري: يا له مِن طفل! كيف سمحتُ له بأن يُرافقَني في هذه الرحلة التي يفترض أن تكون استرخاء؟!

انتهَت تلك الليلة المتوتِّرة وأنا أقلِّب أفكاري وأعتصر: لماذا أشعر بهذا الاختناق؟ لماذا أحتاج أن يُرافقَني شخص؟ ولماذا تمَّ استفزاز مشاعري عندما انتقَد الفيلم؟

عند حلول الصباح الباكر فتحتُ عيني بثقل وشعور صداع يفتك برأسي، قمتُ أجرُّ أقدامي لأفتح صنبور الماء وأقف تحته كي يغسل جميع التَّعب والإنهاك والأفكار الثقيلة التي استقرَّت في ذاكرتي البارحة.

ارتدَيتُ ملابسي، وهممتُ بالاستعداد للخروج لأحتسي كوب قهوة ساخنًا، سمعتُ قرع الباب المستمرَّ، وعندما فتحتُ الباب وجدتُه أمامي مبتسمًا، ويحاول أن يعتذر عمَّا بدَر منه البارحة، وأن يُرافقَني لنتناول إفطارًا جميلًا.

كانت الأيام في هذه الرحلة الغريبة متفاوتة، أحيانًا أقرِّر الجلوس وحدي للاستقرار والراحة، وأحيانًا أخرى أوَدُّ أن يكون صديقي بجانبي للهروب مِن الوحدة وعدم مواجهة مشكلتي الرئيسة وهي التعلُّق، سواء بشخص، أم بلحظة أم بالماضي.

أكثر اللحظات الموجعة مع صديقي هي أنَّني عندما أكون بجانبه أتحدَّث عن الماضي فقط وما حدث في الماضي، وأعيش خيالات: ماذا لو لَم أقل لا، لَم أعِش هنا، والآن كنتُ أعيشُ فقط في الماضي ولا أستطيع التحكُّم به.

تمُرُّ أيام، أرى دموعي متحجِّرة في عيني بسبب أنَّني أتعلَّق بكلمة أو نظرة مؤلمة جارحة مِن صديقي، محاوِلةً الاستجابة لأي بذرة عاطفيَّة قد يزرعها في ثنايا قلبي.

لماذا أنا محبَطة وأشعر بالجوع العاطفي؟! أبحثُ عن أي شخص كان لِيَروِي ذلك القلب المهجور. في إحدى الليالي العاصفة بالجدال بيني وبين صديقي قمتُ بالصراخ والانفعال، وخرجتُ إلى غرفتي لأغلقَ الباب بأقصى قوَّة، بعد مرور ما يُقارب النصف ساعة أتى يطرق الباب، ثمَّ قام باحتضاني والاعتذار، فقد حدث ما لَم يكُن بالحُسبان، بدأتُ بالشعور في يدَيه تخنقني تؤلمني وأنا أصرخ لأطلب منه الابتعاد فقد كانت شرارات الغضب تخرج منه وشرارات الألم تخرج

من عينيَّ، أدفعُه بقُوَّة ما الذي تُحاول القيام به، ثُمَّ يُجيبني أنتِ مَن وددتِ ذلك، أقف متفاجئة ماذا وددت؟! يعود ليقول لي: "لقد كانت جميع إشاراتك تُعلن لي أننا نوَدُّ الاقتراب سوِيًّا، أصفعه بكلِّ ما أوتيتُ مِن قوة.

استجمعتُ قُوَاي، ودفعتُه مِن أمامي، وقمتُ أصرخ: كفى كفى.. وغادرتُ مسرعةً إلى غرفتي وأنا ممسكة بشَعري كلِّه بعد أن انسدلَت خصلات مِن شَعري على وجهي.

نمتُ في تلك الليلة وقلبي لا يكاد يهدأ مِن دقَّاته، أتقلَّب يمينًا ويسارًا إلى أن انشقَّ الصباح، قمتُ أركض لأفتح صنبور الماء البارد على رأسي وجميع أجزاء جسدي، وأغتسِل بقوَّة، أخذَتني الذاكرة إلى أماكن بعيدة وأنا تحت (الشَّاور)، أصبحتُ أستحضِر أجزاء مِن البارحة وأجزاء أخرى مِن التخيُّلات: ماذا لو وافقتُ على عرض الزواج وأصبح زوجي؟

بدأتِ البرودة تعتلي أطرافي، فقمتُ بإغلاق الماء والخروج لارتداء ملابسي.قبل أن أهمَّ بالخروج للمشي واحتساء كوب مِن القهوة، سمعتُ قرع باب الغرفة، ذهبتُ لأفتحه، وعندما فتحتُه أتاني محتضنًا، هامسًا بأذني: صباح الخير، ما هو اختيارك لمكان الإفطار هذا اليوم؟تمرُّ أيام الرحلة ونحن على هذه الحال، نتجادل كثيرًا، ونضحك قليلًا، أصبحتُ لا أعرف

هل أنا التي تغيَّرتُ، أم هو الذي تغيَّر، أم الظروف لَم تسعفنا جميعًا، لقد كنَّا نستمتع بأوقاتنا كثيرًا ونضحك كثيرًا، لكن اكتشفتُ أنَّه لَم يتمنَّ أن نعيش لحظاتنا في الأردن، وأراد أن نكون في دولة أخرى، وأصبح يثأر منّي على هذا الاختيار في كلِّ دقيقة ممكنة.شارفَتِ الرحلة على الانتهاء، وفي اليوم الأخير تحديدًا استلقَيتُ على البحر ما يقارب ثلاث ساعات، لا أوَدُّ أن أفعل أيَّ شيء، كلُّ ما كنتُ أصبو له هو تعويض يليق بروحي عن جميع الأيام الماضية التي أدركتُ أنَّني أخطأت عندما وافقتُ على انضمامه لي، الرحلة كنتُ أحتاجها وحدي فقط، كنتُ مستلقِية أمام البحر وحرارة الشمس تلهب ظهري وأنا مغمضة العينَين، أشعر بنسمة الهواء تعبث بخصلات شعري.

غفَوتُ قليلًا على صوت الموج المتلاطم، وأخَذَني الحلم بعيدًا في مواجهة حنونة مِن نوعها معك حبيبي صاحب برج الميزان، وكنتُ أبكي بين أحضانك وأنت تمسح على شَعري ودموعي.انتهَت هذه الرحلة وكلٌّ منّا قال كلماته مودِّعًا ومعتذرًا عن أي تقصير بدَرَ منه خلال الرحلة، ولَم نتحدَّث بعدها.في اليوم الثاني بعد الوصول رأيتُ رقمك يتَّصِل بي مرارًا وتكرارًا، ولَم أستطِع أن أردَّ لأنَّني لا أعلم ماذا أقول.. أشعر بأنَّ حبَّك وتجربتك ماتت في قلبي، بل كانت سبحة انقطعَت وتوالى بعدها الكثير مِن الأشخاص

والأحداث التي وجبَ عليَّ مواجهتها؛ لأنَّها انعكاسات داخليَّة كان عليَّ معالجتها والتخلُّص منها.

والأحداث التي وجبَ عليَّ مواجهتها؛ لأنَّها انعكاسات داخليَّة كان عليَّ معالجتها والتخلُّص منها.

الرسالة السادسة عشرة
(إشارة خاطئة)

حبيبي صاحب برج الميزان، لا أعلم ما سبب إصرارك للحصول عليَّ في حياتك برغبتك وفقًا لشروطك، لقد مزَّقتُ هذه الصفحة مِن كتاب قصَّتي التي تجمعني بك، حاوِل تقليب صفحات الكتاب، ستجد فيه كلَّ شيء يخصُّني أنا وأنت إلَّا وجودي في حياتك وفقًا لمعايير رغبتك. كثيرًا ما أجد نفسي أُبحِر خلال أيَّامي معك، وأكتفي بالابتسامة لنضوجي ومتعة الأيام التي كنتُ أعيشها معك، لكن سُرعان ما تختفي الابتسامة عندما أتذكَّر الأحداث والأشخاص الذين ظهروا في حياتي مِن بَعدك، خاصَّةً الأسمر الفاتن.

تساؤلات تملأ عقلي وقلبي: لماذا أُعاني إغلاق صفحات الحبِّ في حياتي؟ إلى أي مدًى نحن عاطفيُّون ملتصقون بعلاقاتنا العاطفيَّة، نهرب مِن تلك المشاعر بشكل كامل، لا نوَدُّ

أن نواجهها أو نعالجها بسهولة؟ أحيانًا نرى متعة بالألم أورِبَّما قناعات تُجبرنا على المعاناة قبل البَدء مِن جديد.أرى هاتفي لا يتوقَّف عن الرنين ورقمك يظهر على شاشة الهاتف وأنا مليئة بالتعجُّب، ما هذا الإصرار على الاتِّصال؟!

وهنا أمسكتُ بهاتفي أردُّ لأسمع منك بعض الكلمات الغريبة، العتاب والملامة على عدم ردِّي خلال الأيام الماضية، ثمَّ يأتيني طلبك الغريب بأنَّكَ تودُّ رؤيتي، وعندما أخبرتُك بأنَّني لا أوَدُّ ذلك تنهال عليَّ بالكلمات الجارحة وأنا صامتة أنتظِر أن تنتهيَ، ثمَّ أُغلِق الهاتف وأزفر بشكل كبير، مُخرِجةً أيَّ طاقة سلبيَّة صوَّبتَها لي.لَم يأتِ يوم ظننتُ فيه بأنَّني سأصمد أمام غيابك، وأتجاوز تلك المشاعر التي أنهَكَتني في ليالٍ كثيرة، لقد كنتُ حبيسة وأسيرة لك، لا أرى شيئًا مِن العالَم إلا مِن خلالك.

أحيانًا كثيرة أصبِّر نفسي على أي مشاعر أشعر بها مع الأسمر الفاتن بأنَّها ستمضي بأنَّني استطعتُ تجاوزك وأنت قطعة مِن قلبي، فكيف لا أتجاوز مشاعري تجاه شخص لَم يبادلني الحبَّ يومًا ما؟!

تجري الرياح بما لا تشتهي السفن، أكثر جملة قد تكون معبِّرة لِمَا أشعر به وأنا أكتب هذه الرسالة التي يتخلَّلها خيبات متفاوتة.

بعد انقطاع مِن الأسمر الفاتن علمتُ بأنَّه حصل على وظيفة عمل جديدة، وكم أشعرَني هذا الموضوع بالراحة والسعادة! شعرتُ بأنَّ حملًا مِن الأفكار السلبيَّة على عاتقي قد انزاح ولله الحمد، وشعور آخَر وهو سعادة لحصوله على وظيفة يتمنَّاها وبداية جديدة لحياته.

قمتُ بمهاتفته، وعندما أتاني صوته شعرتُ بكميَّة مِن الحنين الغريبة، قمتُ بالاستفسار عن الوظيفة الجديدة، ومِن ثَمَّ تهنِئته وإغلاق الخطِّ، لَم أكتفِ عند هذا القدر، بل قمتُ بطلب باقة زهور وإرسالها إلى مكتبه الجديد. نعم، لقد قمتُ بذلك ولا أعلم لماذا!! قام بمهاتفتي والتَّعبير عن امتنانه وشكره، بأنها صفحة بيضاء بعد كلِّ الأزمات التي مررنا بها، ومِن ثَمَّ أغلق الهاتف. مرَّ شهر على ذلك الاتِّصال، وحلَّ شهر رمضان المبارك، وكم كان شهرًا مليئًا بالقرارات وضغوط العمل، لَم أعِ شيئًا آخَر، بل كلُّ ما كنتُ أفكِّر به كيف أتجاوز قرارات العمل المنهِكة.

كنتُ أعمل بلا توقُّف ليلًا ونهارًا، قبل الإفطار وبعد السُّحور، كانت فترة صعبة جدًّا، وكلُّ ما كنتُ أركِّز عليه هو عملي.

في هذه الأثناء شعرَ الأسمر الفاتن بالحنين والامتنان، ولا أعلم ما الذي دفعَه بأن يتواصل معي كلَّ يوم مِن ثلاث إلى أربع مرَّات باليوم، كان يُحادِثني في العمل، وبعد العمل، وقبل الإفطار، وبعد الإفطار، وبعد السُّحور قَبل النوم، لقد أصبحنا شخصَين متقاربَين جدًّا جدًّا، وشعرتُ بأنَّني حصلتُ عليه، هو ما أحتاج لوجوده، هو ما تمنَّيتُه ليكون العِوَض الجميل.لَم تشهد علاقتي به جمالًا مثل جمال ذلك الشهر؛ لقد كنَّا نقضي كامل أوقاتنا معًا، ولكن تلك المشاعر وذلك التَّقارب أشعره بالخوف والالتزام، مِمَّا دعاه إلى أن يختفيَ دون سابق إنذار!

في إحدى اللَّيالي قمتُ بالاتِّصال، ولَم يأتِني ردٌّ، ثمَّ إرسال رسالة ولَم يأتِني ردٌّ إلا بعد يوم بأنَّه مسافر!

كم صفعَتني تلك الرسالة المليئة بالبرود والخذلان، شعوري كان مؤلِمًا جدًّا جدًّا، لا أعلم ماذا أقول، وقرَّرتُ التَّجاهل، ولكنَّ مشاعري كلَّها لَم تهدأ، بل في حالة ثورة وتساؤل: ماذا حدث؟ وأين اختفَى؟

أعلم بأنَّ أصعب شيء في الحياة أن تضع توقُّعات عالية لَم ترَبصيص أمل، بل تسقط في هاوية مِن شدَّة الرياح العاصفة.

مِن خلال رسائلي كلُّ ما أسرده هو الجانب العاطفي فقط،
ولَم أشارك جوانب أخرى؛ فجانبي العاطفي يشكِّل جزءًا
كبيرًا مِن شخصيَّتي، فأنا عاطفيَّة بطَبعي، تغلبني العاطفة في
كثير مِن الأمور، ولا أمانع ذلك، بل أجد فخرًا في قول ذلك
كونه يعبِّر عنِّي، وأحيانًا كثيرة يميِّزني.سأتوقَّف عند نقطة
العاطفة، مؤمنةً بأنَّها نقطة قويَّة جدًّا، ولا أوَدُّ أن أكمل
بعدها إلى أن تهدأ مشاعري.

الرسالة السابعة عشرة
(أوهام الحبِّ)

اختفاء مِن الأسمر الفاتن جعلَني أفكِّر بكلِّ ما حدث، أدرس وأحلِّل كلَّ الخطوات، أعود لكلِّ نقطة، لكلِّ كلمة قلتُها، شعرتُ بنقص الثِّقة، لَم أكن على المستوى المطلوب، محادثاتي وكلماتي لا يوجد بها شيء يدفعه إلى الحماس والكلام، لربَّما قربه منِّي فقط لأسباب استغلالي، فكلُّ ما اعتدتُه منه في السابق هو استغلال وجودي في حياته لأسباب مِهَنِيَّة، وها هو الآن يعود بنفس الهدف، يُشاركني كلَّ أموره المتعلِّقة بالعمل فقط، مبتعِدًا عن أي شيء شخصي.

كم شعرتُ بالغباء والقهر عندما استرجعتُ كلَّ ما قلناه، لأجد بأنَّنا لَم نتكلَّم بأي أمر شخصي يخصُّه، بل كلُّها أمور متعلِّقة بالعمل، بل إنَّني تذكَّرتُ أحد المواقف المؤلمة التي شعرتُ بعدها بالندم، قمتُ بمشاركته معلومات سرِّيَّة

عاطفيَّة عن أشخاص مشتركين بيننا؛ كي أُشعِره بالأمان والاطمئنان أنَّنا يُمكن أن نكون في نفس الحالة، ومِن ثَمَّ تفاجأتُ بردِّه عندما قام بتوبيخي لطَرحي مثل هذه الأمور التي لا تمثِّل أيَّ شيء مِن مبادئه وأفكاره، بل أصبح يُشعِرني بالعار عن كلِّ ما قلتُه له، أتذكَّر الشعور المزعج الذي شعرتُ به بأنَّني خنتُ أصدقاءَنا بمشاركتي خصوصيَّاتهم وبما قاله لي.أعيد الشريط الكامل بمخيِّلتي، وفي كلِّ مرَّة تأتيني ذِكرى وموضوع مزعج، كان واضحًا بأنَّه لا يَوَدُّ القُرب منِّي، وكلُّ ما يوَدُّه هو استشارتي بكلِّ ما يتعلَّق بالعمل.

لا أُخفي شعوري بالرِّضا لأنَّني أعلم مدى ذكائي وتفوُّقي في عملي؛ فكلُّ استشارة أقوم بتقديمها له كانت ناجحة بنسبة مائة بالمائة، ولكن تُصيبني خيبات متفاوتة؛ لأنَّ رغبتي كانت عاطفيَّة بحتة تجاه هذا الأسمر الفاتن.في إحدى المحادثات قمتُ بمشاركته مواصفات فتى أحلامي بعد إصراره عليَّ، وكنتُ سعيدة جدًّا؛ لأنَّني اعتقدتُ أنَّه يشعر بالغيرة عند إطرائي لأيِّ رجل آخَر، ولكن الآن أعتقد أنَّه فقط كبرياء رجل لا يَوَدُّ أن يسمع مدحًا عن رجل آخَر. كم شعرتُ بالغباء تحديدًا الآن وأنا أكتب هذه الرسالة، كيف اعتقدت لوهلة بأنَّ هناك أملًا مِن هذا الإنسان؟!في أحد الأيام الجميلة التي قضَيناها مع

المحادثات اليوميَّة التي نقوم بها، طلب مشورتي في مشروع جديد مترِدِّدًا أن يُقدِم عليه، ويَوَدُّ معرفة الخيار الأفضل له، قمتُ بتشجيعه ودعمه، بل أيضًا وضعتُ لائحة الإيجابيَّات والسلبيَّات، وتمكَّنتُ مِن إقناعه بالقبول في هذا المشروع، وكنتُ معه يدًا بيدٍ، لكنَّ الشيء الذي لَم يكن بالحسبان هو "حنين".

قبل أن تتساءل أيها القارئ: مَن حنين، دعني أشرح لك، حنين هي الفتاة التي لفتَتِ انتباه الأسمر الفاتن، أحد أعضاء المشروع الجديد الذي قُبِل فيه وبدأ العمل فيه.

حنين الفتاة الجميلة التي استحوذَت على انتباهه وذاكرته ومخَيِّلته وكل شيء، لقد أصبح يحاول جاهدًا أن يريَها قوَّته وخبرته ومعلوماته القويَّة التي يَجمعها مِن الخارج، ثمَّ يُشاركها حنين لينال إعجابها.

أصبحَت حنين هي المسيطرة في فترة قليلة جدًّا، الشيء الذي أعلمه جيِّدًا أنَّ حنين تبادله الشعور نفسه أو رِبَّما أقَلَّ منه، لكن تشاركه بِدَورها أموره وكلَّ ما يرِد بخاطرها، فأصبح وقته الذي يقضيه معي هو الوقت الذي يقضيه مع حنين.

لَم يعُد لي مكان، ولَم يكُن لي مكان مِن البداية، بل كنتُ سلسلة ومراحل مِن الاستغلال، المرحلة الأولى عندما أراد

وظيفة في نفس المنظَّمة التي أعمل بها، والآن استغلال لخبرتي العمليَّة ودعمه لترك انطباعات وقرارات ناجحة، لَم تجرحني الثانية بقدر الأولى، ولكن في نهاية المطاف تمَّ استغلالي.لَم تكن أيامًا سهلة عليَّ عندما قرَّر الاختفاء للمرة الثانية، ولكن هذه المرَّة مِن أجل فتاة في مشروع قمتُ بتشجيعه للذهاب إليه.

الآن أقضي أيَّامي في حالة مِن الاستيعاب لكلِّ ما حدث، ما زلتُ أتألَّم وأبكي ألمًا لِمَا حدث، ثمَّ أعود للتَّماسك والتَّفكير بأنَّ ما حدث لَم يكن فعلًا مفاجأة؛ فقد رسمتُ خيالات بنفسي، ولَم تكن كلمات هو قالها، بل رسمتُ أشياء مِن شدَّة حاجتي لأن أعيشها.أكتب رسالتي هذه وأنا أستعدُّ لترتيب ملابسي واحتياجاتي؛ فقد قرَّرتُ أن أُجرِي عمليَّة تجميل بسيطة، أوَدُّ الحصول على طلَّة جديدة.

لا تتوتَّر أيها القارئ؛ فالعمليَّة بسيطة جدًّا، مجرَّد شدٍّ للجسم، وقد وِددتُ القيام بها منذ سنوات ولَم أجرؤ، لكن أشعر الآن بأنَّه الوقت المناسِب، سألقاكم بعد أسبوعَين، كونوا بخير.

الرسالة الثامنة عشرة
(مستلقية في وادي الإحباط)

أهلًا.. مرحبًا.. لا أعلم ماذا أقول، لقد مضى شهران على قيامي بالاختفاء مِن عالَم كتابة الرسائل، وكم كنتُ في عالم آخَر في حقبة زمنية متوقِّفة.

لا أعلم مِن أين أبدأ وكيف أنتهي، كم وِددتُ أن أقول لك عزيزي القارئ إنَّني أعيش قصَّة الحبِّ التي أبحث عنها، ولكن لا.. للأسف لا، لقد حدثَت أمور كثيرة، ابتداءً بالعمليَّة التي قمتُ بها، وانتهاءً بهويَّة جديدة.لحظة.. لحظة أيها القارئ، دعني أسرد لك ماذا حدث، ولكن أحتاج منك الصبروالتَّفهُّم، لا أريد أيَّ أحكام قاسية؛ فأنا لَم أكتب منذ وقت طويل.صباح يوم العمليَّة التي قرَّرتُ أن أخوضَها بهدف التجميل، وِددتُ أن أكون جميلة وواثقة مِن نفسي، لديَّ بعض المشاعر المزعجة تجاه نفسي؛ لذلك قرَّرتُ التخلُّص مِن الأفكار المزعجة التي

تُراودني، وأن أسعى إلى التَّغيير، وددتُ إطلالة جديدة، ولكنِّي كنتُ غير مدركة بأنَّني في دواخلي أشعر بجزء كبير مِن التأنيب وعدم الرغبة في أن أقوم بهذه العمليَّة، جانب منِّي يقول: أنتِ تقومين بها مِن أجل شخصٍ ما، وجزء منِّي يقول: أنتِ تسعَين إلى التغيير، وكلاهما لا يُناسبني، كلاهما أيقظ الإحساس بتأنيب الضمير.

العمليَّة لَم تكن ناجحة، وعانَيتُ بعدها؛ فقد كنتُ في مرحلة التشافي مِن العملية أشعر بآلام كثيرة، لا أستطيع التحرُّك ولا الذهاب إلى العمل، هاتفتُ العمل وأخبرتُهم بوجود عارض صحِّي لا يسعني الذهاب إلى العمل، فقد كنتُ أعاني كلَّ يوم وأسأل نفسي في كلِّ يوم: لماذا قمتُ بعمل هذه العمليَّة التي لَم تنجح بل وتسبَّبَت لي ببعض التَّشوُّهات الجلديَّة؟ كنتُ أصرخ وأبكي وأسهر اللَّيل، ولا أستطيع إغماض جفني مِن النَّدم والتأنيب.

أذكر في إحدى الليالي أنَّني كنتُ مستلقية على ظهري أحاول النوم، وأفكاري تتسارع إلى ذهني كأنَّها طلقات رصاص: لماذا؟ ومِن أجل مَن؟ والآن أصبحتِ مشوَّهة، لقد خسرتِ.. وغيرها مِن الأفكار الجارحة المؤلمة.

قمتُ فزِعة أصرخ وأقفز مِن السَّرير على الأرض، أُلقي برأسي ساجدة ودموعي تنهمر، يا ألله، أنقِذني يا ألله، أرِحني يا ألله، سامِحني وساعِدني كي أسامح نفسي على ما فعلتُ.مررتُ بكثير مِن الليالي المشابِهة وأنا أتحسَّر وأتوَجَّع، كم يُرهقني رؤية بعض الحسابات المشهورة للنساء الجميلات وأنا أقارن وأبكي ندمًا، بل وحسرةً على ما حدث!

في تلك الفترة المؤلِمة قمتُ بالذهاب إلى كثير مِن الأطبَّاء والاستشاريِّين لِكَي أتمكَّن مِن حلِّ المشكلة التي تعرَّضتُ لها ولَم أستطِع حلَّها، كانت جميع الإجابات تطلب منِّي الانتظار إلى أن تشفَى الجروح، وكانوا يرون أنَّني يجب عليَّ ألَّا آمل، وأن أحاول التَّعايش مع تلك الجروح؛ فهي - في نظرهم - ليسَت سيِّئة إذا أحببتُها.في أحد الصباحات الصيفيَّة الحارَّة الملتهبة، كنتُ أُعِدُّ قهوتي الساخنة، متجوِّلةً في أرجاء المنزل، غارقةً في أفكاري وخيالاتي المزعجة، حتَّى سمعتُ صوت الهاتف يرنُّ في اللحظة الأخيرة، نظرتُ إلى هاتفي فوجدتُ الأسمر الفاتن يتَّصل بي، فلَم أرُدَّ على الاتِّصال، لقد قلتُ بيني وبين نفسي: ماذا تريد أيُّها الاستغلالي؟!الحظات حتَّى شعرتُ بأنَّ الجزء الذي كان يؤرقني قبل العمليَّة وبعد العمليَّة هو بسبب الأسمر الفاتن، لقد أدركتُ أنَّني حتَّى وإن لَم أودّ الاعتراف بما سأعترف به الآن

فهي الحقيقة القاسية، جزء مِنِّي كان يَوَدُّ إجراء العمليَّة مِن أجله كي أُصبح فاتنة وحتَّى يشعر بيوم مِن الأيَّام أنَّه أضاع الفرصة لوجودي بحياته عندما قرَّر أن يرفضني، لقد رفضني ولَم أتجاوز حقيقة الرفض، ومهما كنتُ أعيش أحداثًا مختلفة بعد هذا الموقف، إلا إنَّني ما زلتُ أشعر بمرارة الرفض.مرَّ أسبوع وأنا أعيش الحالة المؤلمة، ولَم تلتئم الجروح كما اعتقدتُ، بل لَم يتغيَّر شيء على الإطلاق، وخلال هذا الأسبوع كانت هناك محاولات اتِّصال مِن الفتى الأسمر الفاتن، ضعفتُ أمام تلك المحاولات، وردَدتُ عليه، وكما هي العادة لا أعلم كيف أحادثه، وهو الآخَر لا يعلم كيف يُحادثني.

تصيب المحادثة عواصف ثلجيَّة وتقلُّبات غريبة؛ لأنَّني لا أعلم كيف أكون على طبيعتي، فكلُّ شيء نتحدَّث به يُصبح شاقًّا، منهِكًا وصعبًا.سأخبرك سرًّا أيُّها القارئ، كنتُ أحمل طيفًا مِن الخيال الذي يُراودني دائمًا في كثير مِن أحلامي بأنَّني في يوم مِن الأيام سأذهب في موعد غرامي على العَشاء مع الأسمر الفاتن، وسيعترف بحبِّه لي، فكرة دائمًا تُراودني في كلِّ مرَّة.لا أستطيع تجاهُل فكرة أنَّ اتِّصالاته المستمرَّة وجانبًا مِن اهتمامه المفاجئ في بعض الأحيان يُشعِرني بأنَّنا مقرَّبان وعلى

مشارف علاقة حبٍّ جميلة، ولكن سرعان ما تتغيَّر تصرُّفاته ويعود كما كان.

كثيرًا مِن المرَّات أفكِّر وأقول: لماذا يهتمُّ إذا كان لا يحبُّني؟! ولماذا يتذكَّرني في كلِّ مرَّة رغم بُعد المسافة والعمل وغيرها مِن الأمور؟! ماذا يحدث؟ هل يشعر بمشاعر حبٍّ تجاهي وخائفٌ مِن الاعتراف بها أمام نفسه وأمامي؟في إحدى المكالمات التي تكرَّر فيها هذا التصرُّف مرارًا وتكرارًا، وكم شعرتُ بمُرِّ الاتِّصال، لقد كان يجلس في محلِّ آيس كريم، وحسب ملاحظاتي الدقيقة أنَّه كثيرًا ما يجلس به، وأنا أعلم أنَّ هناك سببًا يَدفعه ولكن لا يعترف به، وأنا أعلم ما هو.

كنَّا نتحدَّث كالمعتاد بصعوبة؛ فكلٌّ منَّا له اهتمامات مختلفة، والأهمُّ أنَّه لا يبالي لأيِّ شيء أقوله عن نفسي، بل تركيزه معي عندما أتحدَّث عنه أو عن مدى ذكائه، لقد كنتُ مسترسِلة بالكلام، ثمَّ قرَّرتُ التَّوَقُّف لأنَّني شعرتُ لوَهلة بأنَّني أحادِث نفسي، وعندما توقَّفتُ لَم يعِ أنَّني توقَّفتُ عن الحديث؛ لذا قلتُ له إنَّني قريبة مِن محلِّ الآيس كريم، وسأمرُّ لإلقاء التحيَّة.

لقد صعقَتني ردَّة الفِعل الغريبة، أصبح يصرخ ويتوتَّر ويقول: لا، لماذا؟ وكيف؟ وأصبح يُلقِي بكثير مِن الأعذار، ثمَّ

قلتُ: حسنًا.. لن آتيَ، فأنا بالحقيقة لَم أكن قريبة ولا أنوي المجيء، لقد كنتُ في الجهة الأخرى مِن المدينة، ولكن أحببتُ أن أرى ردَّة الفِعل.

أصبحتُ صامتة لفترة قصيرة مِن الوقت وهو يحاول جاهدًا اختلاق الأعذار وإضافة طرفة ونكتة للجوِّ.

دقائق حتَّى أتت ضيفتُه التي حاوَل أن يخفيَ عليَّ وجودها، ومِن ثَمَّ أغلَق الهاتف سريعًا ولَم يعُد إلى مهاتفتي، وصاحَبه اختفاء لمدَّة أسبوع.لقد كنتُ أعي تمامًا وجوده المستمرَّ في هذا المكان لكثرة مرور الفتيات الجميلات التي يتمتَّع بمشاهدتهنَّ ومحاولة لفْت انتباههنَّ.

في أثناء محادثتي معه كان شاردًا في كلِّ مَن تأتي لتطلب آيس كريم، فلا يعُد يركِّز معي بالحديث، ولكن هذه المرَّة كنتُ أعلم تمامًا ماذا يفعل، ومِن ثَمَّ تأتي الفتاة التي لا أعلم إذا كانت هي حنين الفتاة الجديدة التي تعرَّف عليها بالمشروع الجديد أم واحدة جديدة، ولكن إحساسي يقول بأنَّها حنين حتمًا، حنين كي يتناول معها الآيس كريم، ويتجاذب أطراف الحديث.أوَدُّ الاعتراف والبوح بسرٍّ آخَر عزيزي القارئ، لقد شعرتُ بالغيرة العارمة؛ فقد كانت هناك نيران تجتاح صدري، ودقَّات قلبي تقرع طبولها مِن شدَّة الغيرة، فكم وِددتُ أن أرى حنين وكيف

شكلها، وكم وِددتُ أيضًا أن أكون بجمال حنين في عينَيه. استعدت قوَّتي خلال الأسبوع الذي أعلَن اختفاءه، وقمتُ بكتابة رسالة شديدة اللهجة عن تعجُّبي مِن نوع علاقتي معه، فهي لا تندرج تحت أي مسمًّى؛ لذلك أوضحتُ له أنَّ مِن الأفضل لنا أن نجعلها تحت إطار زميل عمل سابق. قرأها ولَم يردُّ إلا بعد يومَين مِن خلال كلمات سخيفة تقول بأنَّني أعيش في عالَم آخَر، ولا أعرف انتقاء الموضوعات التي أقوم بإرسالها، ثمَّ يعود ليختفيَ مرَّة أخرى.

الرسالة التاسعة عشرة
(ازدواجية)

يوم غائم مشبَع بالرطوبة القاتلة، أمضي في طريقي إلى العمل مستمعةً لأحد الكتب الصوتية التي تتحدَّث عن المتعة، وكيف يكون اكتشاف المتعة مِن خلال تجارب الحياة، مبتسمةً أهزُّرأسي موافقة على جميع الاقتراحات التي أسمعها وأنا أقول بدواخلي: سأعمل على ذلك حتمًا.

يقطع انسجامي اتِّصال يكاد قلبي يخفق معه وأنا أرى اسم الأسمر الفاتن يومض في شاشة الهاتف.

أرفع الهاتف وأنا أقول بداخلي: "لن أسكت، وسأقوم بالانفجار على كلِّ شيء"، حتَّى سمعتُ صوته في الجهة الأخرى، مِمَّا دعاني إلى الصمت والاكتفاء بالابتسامة.

انطلقتُ بالحديث معه وإطلاق بعض الضحكات، لقد اكتشفتُ طريقته في التَّكفير عن أي خطأ أو اعتذار، فهو يبدأ بالتحدُّث عن أموره الشخصية كنوع مِن التقرُّب، ثمَّ يبدأ بإلقاء النُّكت كي أبتسم، وبذلك يكون قد حقَّق مبتغاه وكسب رضاي.

بدأتِ الأيَّام المقبلة بعواصف مزعجة في بيئة العمل، لَم أعهد كميَّة مِن المشكلات والصعوبات كالتي مرَّت عليَّ ابتداءً بقرار تعسُّفي بحقِّي في العمل، تمَّ تحطيم كلِّ ما بنَيتُه كرئيسة قسم، والقيام بتصغير المهام، وتعيين رئيسة ترأسني، فقط مِن أجل إرضاء أحد أعضاء اللجنة العُليا.

لا أَوَدُّ الخوض في تفاصيل ذلك القرار، وكيف شعرتُ أثناء المرور به، أصبحَت تمرُّ عليَّ ليالٍ لا أستطيع النوم بها والتفكير بخطط تُشعِرني بالأمان والطمأنينة، ولكن لا جدوى.

إحدى الأفكار هي الدخول على الرئيس التنفيذي للشركة ومناقشة حقوقي وإنجازاتي، عزيزي القارئ، لقد كانت أسوَأ فكرة قمتُ بالعمل على تحقيقها. رفعتُ الهاتف مِن دون شعور، وقمتُ بمحادثة الأسمر الفاتن وأنا أرتجف، كلماتي مبعثَرة، أركض عبر السُّلَّم مسرعةً إلى مكان وقوف سيارتي، يردُّ على اتِّصالي وأنا أسخط وأُخبِره تفاصيل المشكلة التي واجهتُها مع الرئيس التنفيذي، والكلمات الجارحة التي أسمَعني إيَّاها.

لَم أعهد إذلالًا بحقِّي مثل هذا الإذلال، قمتُ بالتنفيس عن حنقي وغضبي مع الأسمر الفاتن، ثمَّ إغلاق الهاتف والصعود مرَّة أخرى إلى مكتبي وإغلاقه، فأنا لا أريد رؤية أي شخص.أسبوع حافل بالمشكلات المهنيَّة، مِمَّا دفعني إلى البحث عن مصدر تنفيس عاطفي، عن رجل يُشاركني تفاصيل هذا الألم؛ لذلك قمتُ بالتَّواصل مع حبيبي السابق صاحب برج الميزان، فقد كانت تنهال عليَّ اتِّصالاته في الشهرَين الأخيرَين، وأنا لَم أتواصل معه، ولَم أرغب بالردِّ، فقد تجاوزتُ كلَّ شيء يتعلَّق به، ولا أريد الاستماع لأي مِن الهراء الذي كان يردِّده بحقِّي.

قمتُ بالتَّواصل معه، وحينما أتاني ردُّه ابتسمتُ بداخلي وأنا أقول: لَم أشعر بألم.

تجاذبنا أطراف الحديث، وقُمنا بالتخطيط للخروج لتناوُل وجبة عَشاء خلال يومين.لَم أستطِع أن أخفيَ بهجتي وأنا أستعدُّ لمقابلة حبيبي السابق صاحب برج الميزان، ولكن بالوقت نفسه أمضيتُ النَّهار في تواصل مع الأسمر الفاتن، وقمنا بالاتِّفاق على لقاء سريع على كوب مِن القهوة، شعرتُ بسعادة وشعور ممتلئ بالشَّوق والحنين؛ فكم اشتقتُ إلى رؤيته وابتسامته وضحكته.

ركبتُ السيارة، وقمتُ بالاتِّصال بالفتى الأسمر الفاتن من دون أن أشعر، ولَم يردَّ على اتِّصالي، قمتُ بمعاودة الاتصال ولَم يأتِني ردٌّ، شعرتُ بالقلق والتوتُّر، ثمَّ أتتني رسالة منه أنَّه في اجتماع، وسيَنتهي خلال ساعتَين.

انتابَتني نوبة مِن القلق خلال ساعتَين، سألتقي بحبيبي صاحب برج الميزان، ماذا يحدث؟! ولماذا هذه الفوضى؟!

كتبتُ له: "عزيزي الأسمر الفاتن، أتمنَّى لك التوفيق خلال اجتماعك، يُمكننا جدولة لقائنا خلال الأيام المقبلة".

تنفَّستُ الصعداء، وألقَيتُ برأسي على المقوَد حتَّى أفزَعَني صوت اتِّصال حبيبي السابق صاحب برج الميزان، ليطلب مِنّي تقديم الموعد لأنَّه سيقوم بالخروج مع أحد الزملاء لضرورة.

ابتسمتُ وقلتُ: الحياة تَوَدُّ مِنّي الاستمتاع؛ لذلك هيَّا بنا. ذهبتُ إلى الموعد الأول مع حبيبي صاحب برج الميزان، تناوَلنا العَشاء، وتجاذبنا أطراف الحديث، يمكن القول إنَّ اللقاء كان عاديًا جدًّا، لا يحتوي على أيِّ مشاعر، يمكن القول بأنَّه موعد صديقَين لَم يريا بعضهما منذ أسبوع، الحوار بأكمله سطحيٌّ جدًّا، مجرَّد بعض النَّكات البسيطة، الأكل والضحك فقط.

انتهى العَشاء، ولا يسعني نكران أنَّ الأسمر الفاتن لَم يغادر مخيِّلتي، وكنتُ أشعر بالشوق إلى لقائه.

ركبتُ سيارتي بعد العَشاء، وانطلقتُ إلى مقهًى صغير قريب مِن البيت، وانتظرتُ الأسمر الفاتن إلى حين وصوله، وصل بعد دقائق، وعندما التقَت أعيُننا كم وِدِدتُ أن أعانقه وأغمض عينيّ، فكم حملتُ له مِن الشوق الكبير!

تمالكتُ نفسي، واكتفَيت بالابتسامة، انطلقنا نتحدَّث لثلاث ساعات كاملة، لَم أشعر بالضجر ولا بالوقت، وكم وِدِدتُ أن يتوقَّف الوقت ولا يتحرَّك أبدًا.

لَم تخلُ جلستنا مِن بعض النظرات الحادَّة التي أغرق فيها بعينيه وأبتسِم، ثمَّ نبدأ بتغيير الموضوع لننتقل إلى موضوع آخَر.

قمتُ بمصارحته، وقام بمصارحتي عن آرائنا نحو العلاقات، وماذا تعني لنا، وكم كانت لحظة فاشلة عندما قلتُ له بأنَّني أرى أهميَّة العلاقة الجادَّة، ولديَّ رغبة منفتحة للحياة.

وفي المقابل فإنَّنا نحمل مبادئ مختلفة تمامًا؛ فمِن وجهة نظره لا يؤمن بالعلاقات ولا بالزواج مِن خلال علاقات، في نظره الحياة معارف وصداقات عابرة مع الفتيات دون السماح لهم بالاقتراب، فقط علاقات سطحية خالية مِن أي حميميَّة

أو اقتراب، سواء كان بالحديث أم بالاتّصال الجسدي، فكلاهما مِن الممنوعات لدَيه، ولا يَوَدُّ الدخول في أي منهم، فهو يتيم الأب منذ أن كان صغيرًا، ووالدته هي كلُّ عالمه وحياته، وهي مَن سيختار شريكة حياته، فهذا أمر لا نزاع فيه؛ لذلك كلُّ ما يفعله هو خلق شبكة مِن الصداقات النسائية لفترة قصيرة محدَّدة وفي إطار الحدود، لا يمكنه أن يقول صداقة، فقط زمالة أو معرفة عابرة، وهي ما يصبو إليه عند الالتقاء بأي فتاة جميلة.خلال الليلة كانت مشاعري مختلفة، فقط أنظر إليه وإلى تفاصيله، وتتملَّكني الرغبة أثناء حديثه أو ابتسامته الجميلة بأنَّني أوَدُّ تقبيله أو عناقه.

مشاعر متأجِّجة خلال الليلة، ابتسامات وضحكات، ثمَّ انتهَيتُ بتفجير مصارحة لَم تكن في محلِّها، فكيف لي أنا الآنسة الفاضلة أن أكمِل يومي مِن غير تفجيرات؟!

قمتُ بالتعليق قائلة: إنَّكَ شخص تملك علاقات كثيرة، وتحمل في قلبك مساحة كبيرة لجمع أكبر قدر مِن الفتيات، فكيف لك أن تعيش هذه الحياة والقدر مِن الحرية دون الدخول في علاقة؟!

ثمَّ يصفعني برَدِّه عند القول: لماذا أخذتِ الحديث لهذا السياق؟! لا أرى أيَّ فائدة مِن هذا.

ثمَّ يصمت لأقول: مجرَّد مصارحة وِددتُ أن أقولها.

ثم يعود ليقول: أنا لا أملك علاقات، ولا أومِن بها.

صمتٌ يجتاح الجلسة حتَّى قطع الصمت صوت النادل مشيرًا بأن حان وقت إغلاق المقهى.نذهب لِيُرافقَني إلى سيارتي بالخارج ثمَّ نتوادع، وكم وِددتُ أن أعانقَه لمرَّة أخيرة.

الرسالة العشرون
(مكنون قلبي)

أرى الحبَّ في عينَيه حتَّى وإن لَم يعترف، حتَّى وإن عاش مكابرًا.

قَبل أن أسهب عزيزي القارئ في الرغبة العارمة التي لديَّ لتصديق أنَّ الأسمر الفاتن يحمل في عينَيه الحبَّ حتَّى وإن حاوَل بجميع الطُّرق أن يحبط أويلغيَ تلك الفكرة.تلتقي الأعين وتبتسم محمَّلةً بجميع الكلمات التي لا تنطق، بل تصرخ مِن خلال النَّظر إلى أعماق قلوبنا.

نجلس متقابلَين، نرتشف كوبًا مِن القهوة، نبتسم بصمتٍ، ثمَّ أراه يعقِد حاجبَيه ممسكًا برأسه، أعقِد حاجبيَّ بالمقابل قائلةً: ماذا بكَ؟ هل أنت متألِّم؟

يبتسم ثمَّ يقول: قليلًا.. إنَّني أشعر بصداع؛ لقد كان يومًا طويلًا جدًّا.

تبدأ ضربات قلبي بالتَّسارع، وأمسك حقيبتي لإخراج مسكِّن للصداع، ولكنَّه رفض أن يتناوله، واكتفى بالنَّظر إليَّ والابتسامة.في نهاية الجلسة الرائعة التي كم وِددتُ أن تبقَى ولا تنتهيَ، نقوم لمغادرة المكان، وعند خروجنا تفاجأتُ مِن اختفاء جميع السيارات، والسكون الذي يعمُّ المكان، ثمَّ نظرتُ إلى الساعة فوجدتُها الواحدة صباحًا!

سألَني: أين أوقفتِ سيارتكِ؟

فقلتُ له: قريبًا مِن هنا.

ثمَّ مشى معي، فقلتُ بكلِّ هدوء: لا داعي لذلك، فسيَّارتي قريبة، يُمكنني الذهاب بمفردي.

لَم يردَّ عليَّ، ثمَّ رافَقَني بصمت، ركبتُ سيارتي وهو يوَدِّعني بكلِّ حنان ودفء، متمنِّيًا لي ليلة هادئة وجميلة.ركبتُ سيارتي، وأغمضتُ عيني قليلًا بعد أن راقبتُه يختفي تدريجيًّا في الظلام الحالك باتِّجاه سيارته.

أبحرتُ في خيالي الجامح قليلًا وأنا أتخيَّله عندما أقبَل باتِّجاهي وأنا أنتظره في المقهى، كم وِددتُ أن أقفَ لأرتميَ بحضنه وأنا أهمس في أذنيه: كم اشتقتُ إلى رؤيتك، وهو بدَوره يقول: أنا أيضًا.

ولَم يقف خيالي عند هذه اللحظة، بل وِددتُ أن يمسك بيَدي عند مرافقته لي لسيارتي ويقبِّلني قبل أن يهمَّ بالمغادرة.أدرتُ السيارة وانطلقتُ باتِّجاه منزلي وأنا أسمع معزوفات موسيقيَّة هادئة لتتناسب مع موجة الليلة.

قبل أن أغمض عيني في هذه الليلة قمتُ بإرسال رسالة، وهي مشاركتي لصورة التقطتُها له مِن دون أن ينتبه، ولَم يأتني ردٌّ، أغلقتُ عيني ونمتُ نومة هادئة مبتسمة.في الصباح الباكر فتحتُ هاتفي لأرى إن كان قد بادر بالردِّ أو ذِكر أي شيء جميل بعد هذه الليلة، ولكن لَم يأتني ردٌّ.

أغلقتُ الهاتف بخيبة، وانطلقتُ في يومي، وعند حلول الظهر وصلَتني رسالة منه متعجِّبًا مِن الصورة وكتابة تعليق سخيفٍ خالٍ مِن المشاعر، واكتفى بذلك!

عند حلول المساء خرجتُ برفقة بعض الأصدقاء، وقرَّرتُ مشاركته بعض الصور، ولَم يأتني ردٌّ، مِمَّا أثار حنقي، ثمَّ قرَّرتُ أن أكتب: "عذرًا.. لقد نسِيتُ أنَّكَ لا تردُّ في نهاية الأسبوع".

عزفَت تلك الرسالة على أعصابه، ليردَّ سريعًا بتعليق سخيف.اختفاء تام مِن قِبله، وخيبة تامَّة مِن قِبَلي، فكنتُ بانتظار أي شيء يُطَمئِنُني مِن قِبله، كم وِددتُ أن أشعر بوجوده، ولكن لا شيء، ولا أخفي عليك عزيزي القارئ بأنَّها

إحدى الطرق التي يقوم بعملها معي، ففي كلِّ مرَّة يقترب منِّي ويشعر بقُربنا معًا يبدأ بالتوتُّر، ومِن ثَمَّ الاختفاء مِن جديد وكأنَّه يَوَدُّ الهروب مِن مشاعره التي لا يَوَدُّ الاعتراف بها.بداية أسبوع جديدة ورنَّة صباحية على هاتفي غير متوقَّعة مِن قِبَل الأسمر الفاتن، فتحتُ عينيَّ بانزعاج، ورأيتُ اتِّصاله، لَم أبالِ بالرِّدِّ لأنَّني ودِدتُ أن أنتهيَ مِن تجهيز نفسي صباحًا ثمَّ معاودة الاتِّصال.

سرحتُ في أفكاري وأنا أتأمَّل رقمه قبل الضغط على زرِّ الاتِّصال، ثمَّ أتاني صوته خاطفًا ليقول: سأعاود الاتِّصال بكِ.. ولكنَّه لَم يتَّصل.تُراودني نفسي كثيرًا أن أقبل بوجوده دون أي توقُّعات، بل مِن الأمور التي حرصتُ على عملها هو تغيير اسمه بجوَّالي، بحيث يكون (دون توقُّعات) حتى أقرأها في كلِّ مرَّة أتَّصل به أو يتَّصل بي، ولكن كم هو صعب جدًّا أن أترك الأمور تَعبر دون تحليل.

مِن أكثر الأمور التي نختلف عليها ودائمًا ما يحاول تذكيري بها حبيبي صاحب برج الميزان، هي ألَّا أقوم بالتحليل، وأن أدع الأمور تمشي دون أي تحليلات أو توقُّعات.

الرسالة الواحد والعشرون
(مَن أنا)

ليلة ساحرة قضَيناها معًا، أحلم بها مطوَّلًا، وأعيش تحت تأثيرها حتمًا.

انتظرتُ الصباح يأتي كي نتحادث مجدَّدًا، وكم كان قلبي يقرع طبوله بفرح ومتعة، ولكنَّ خيبة الأمل تأتي لتصفعني بشدَّة! لَم يصلني منه أي شيء، بل اختفاء تامٌّ، أصبحتُ أتفقَّد هاتفي في كلِّ دقيقة لعلَّه قد كتب شيئًا أو أرسل شيئًا لي، ولكن لا يوجد...انقضى اليوم محمَّلًا بجميع الخيبات، نمتُ وأنا أحلم باتِّصال واقتراب ولقاء، ولَم يحدث ذلك.

انتظرتُ مرور يومَين، ثمَّ قمتُ بالاتِّصال، فأنا لَم أحتمل هذه الغيبة، تسارعَت دقَّات قلبي مع كلِّ رنَّة، ولَم يأتِني ردٌّ، قمتُ بإرسال رسالة ولَم يأتِ ردٌّ، انهالت دموعي دون توقُّف، تنزل حائرَة تحفر وجنتاي بكلِّ أسًى وألم.

ركضتُ باتِّجاه دورة المياه، وصرتُ أتقيَّأ بشدَّة وأنا أصرخ وأضرب على معدتي كأنَّني آمُرُها بالتوقُّف عن الشُّعور بالألم.

استلقَيتُ على الأرضية الرطبة مِن القيء، وعيناي معلَّقتان بالفضاء.

أجهشتُ بالبكاء مرَّة تِلو أخرى وأنا أقول: لماذا يعاملني هكذا؟! لماذا لا يشعر بالحبِّ تجاهي؟! ما خطبي؟!

تتحجَّر دموعي في عيني، وأعود للبكاء مجدَّدًا، قضَيتُ هذه الليلة الباردة الموجِعة في نفس الوضعيَّة حتَّى أيقظني صوت الهاتف يرنُّ بلا توقُّف، قمتُ فزِعة ثمَّ أجبتُ على الهاتف.

أتاني صوت زميلتي بالعمل لتقول: أين أنتِ؟! ماذا حلَّ بكِ؟! هل نسيتِ اجتماع اللجنة اليوم؟!

نظرتُ إلى هاتفي، فوجدتُ الساعة التاسعة صباحًا، صرختُ وأنا أقول لها: ماذا عساني أن أفعل خلال نصف ساعة؟

أغلقتُ الهاتف، وفتحتُ صنبور الماء لأستحمَّ بسرعة فائقة، لبستُ سريعًا، وأخذتُ حقيبة الحاسب المحمول، ثمَّ نزلتُ أقفز الأدراج بسرعة البرق، وجدتُ حارس الأمن يلقي عليَّ تحيَّة الصباح، صرختُ بوجهه: أحضِرلي سيارة أجرة؛ فأنا لا أستطيع أن أقود.

ركض بسرعة ليعود بعد دقيقتين يخبرني أنَّ السيارة بانتظاري خارجًا.

وصلتُ العمل بعد بدء الاجتماع بأربعين دقيقة، دخلتُ مطأطِئة الرأس أتمتم بكلمات الاعتذار، ثمَّ جلستُ هادئة لأجد نظرات مديري تخترقني باستغراب.

انتهى الاجتماع، ولَم أتمكَّن مِن تقديم الجزء الخاص في عملي بسبب أنَّني تأخَّرتُ، ولَم تسنح لي الفرصة.

خرجتُ مِن غرفة الاجتماعات متوجِّهةً إلى مكتبي، أوقفَتني صرخة مديري ليخبِرَني بأن أتوجَّه إلى مكتبه.

ذهبتُ إليه بخوف وتوجُّس، جلستُ أمامه صامتة أنظر إلى النبتة التي خلفه.

أشعل سيجارة ثمَّ قال: ماذا دهاكِ؟! لقد لاحظتُ مؤخَّرًا تقصيرِكِ في العمل.

ثبَّتُّ نظري نحوه لأقول: منذ متى؟ فقال لي: منذ انتهاء المشروع الأوَّل.

استوعبتُ أنَّها نفس فترة مغادرة الفتى الأسمر، احتبسَت دموعي مجدَّدًا، وتحشرج صوتي، ثمَّ قلتُ: إنَّني أمرُّ ببعض الظروف الصعبة.

قال: حسنًا.. سأسحب المشروع الجديد منكِ، وأعطيه لـ..وقَبل أن يتفوَّه بِاسْم منافسي الكريه في العمل الذي لا يسعده شيء قدر سعادته بفشلي، قلتُ: أستطيع أن أكمل المشروع؛ فأنا لَم أقصِّر تقصيرًا كبيرًا، وسأكون أكثر حذرًا في الأيام القادمة.

نظر إليَّ نظرة متشكِّكة، ثمَّ قال: أعتقد أنَّ الحلَّ المناسب هو أن يكون المشروع منقسمًا بينكِ وبين زميلكِ أفضل.

غادرتُ مكتبه وأنا أجرُّ ذيل الخيبة والقهر، توجَّهتُ لمكتبي، أغلقتُ الباب والستائر، لتجتاحني نوبة مِن البكاء مجدَّدًا، ثمَّ قرَّرتُ أن أقدِّم استقالتي وأبتعِد عن كلِّ هذا الهراء، فأنا أوَدُّ أن أكون حرَّة طليقة، أبحث عن التَّشافي الروحي بعيدًا عن زحمة الأشخاص.

أخذتُ أنفاسًا متتالية، ورسمتُ ابتسامة مزيَّفة، ثمَّ ذهبتُ إلى رئيسي، توقَّفتُ عند الباب، أفكِّر ماذا سأقول تحديدًا، وهل هي لحظة غضب يجب عليَّ التفكير قبل أن أتصرَّف بأي شيء؟

نظر إليَّ مديري وأنا أتقدَّم خطوة ثمَّ أعود للخلف، ثمَّ قال بصوت مسموع: ادخلي وأغلِقي الباب.

وقفتُ أمامه وأنا مبتسمة ابتسامة صفراء، ثمَّ قلتُ: أوَدُّ أن أقدِّم استقالتي حالًا، وأتمنَّى أن تقبلها.

قال لي: لا أستطيع أن أقبلها، سأدعكِ تذهبين في إجازة مفتوحة خلال ثلاثة أشهر من دون راتب، وإذا شعرتِ بأنَّ قرارِك خاطئ يمكنكِ العودة، ولكن فقط خلال ثلاثة أشهر.اكتفَيتُ بالابتسامة، ثمَّ قلتُ: شكرًا.. وخرجتُ مسرعةً أجمع كلَّ أغراضي مِن المكتب قبل أن أرى نظرة زميلي الساخرة التي أعلم تمامًا أنَّني لو رأيتُها فلن أستطيع تجاوزها.

الرسالة الثاني والعشرون
(النهاية)

رسالتي هذه إلى مَن يهمُّه الأمر، قد يكون حبيبي صاحب برج الميزان، أو الأسمر الفاتن، أو مَن يريد أن يقرأ.صباح مشمس ساخن جدًّا، وضعتُ نظَّارتي الشمسية، وأغلقتُ باب الشقة بالمفتاح وأنا أحمل بين يدي نبتة أحبُّها كثيرًا، وبيدي الأخرى أجرُّ حقيبتي.

نزلتُ في المصعد، ثمَّ توجَّهتُ إلى باب العمارة، وجدتُ الحارس، تأمَّلتُه مِن بعيد وأنا أعتصر حزنًا؛ كم أعلم مدى اهتمامه وطيبة قلبه! لقد كان مِن الأشخاص الذين وقفوا معي في كثيرٍ مِن فصول حياتي المؤلمة مؤخَّرًا.

مسحتُ دمعتي، وألقيتُ تحيَّة الصباح، ابتسَم ثغره الذي يُظهِر سِنًّا مفقودًا، ورغم ذلك فهي واحدة مِن أجمل الابتسامات التي رأيتُها في حياتي.

أعطيتُه النبتة، وأخبرتُه بأنَّني سأغادر خارج البلاد لرحلة طويلة لا أعلم كم ستستغرق، ولكن حتمًا سأعود.

تبدَّلَتِ الابتسامة بشفاه تهتزُّ بحرقة، توادعنا بمجموعة مِن الأدعية والأمنيات بالنجاح في الحياة.

أوقَف لي سيارة أجرة، ركبتُها وأنا أنظر إلى الخلف ملوِّحةً حتَّى اختفى عن نظري.

وصلتُ إلى المطار وخطواتي مترِّددة، فأنا لا أعلم ما ينتظرني مِن الحياة الجديدة، كم كان يقول حبيبي صاحب برج الميزان: اتركي الأشياء تمشي دون تخطيط! وكم أغضب عندما أسمعه يقول ذلك، وهأنا اليوم لأغادر إلى المجهول دون تخطيط، كلُّ ما أعلمه بأنَّني أحتاج إلى الابتعاد، إلى بداية جديدة تخلو مِن الخيبات التي توالت عليَّ في الفترة الأخيرة مِن حياتي. جلستُ على الكرسي المخصَّص لي بعد أن أرشدَتني مضيفة الطيران، أسندتُ رأسي إلى الخلف، ثمَّ أغمضتُ عيني قليلًا، وعادت إليَّ كثير مِن الذكريات التي تتسارع في ذهني، ارتعبتُ قليلًا، وقمتُ بفتح عيني سريعًا، تناولتُ الماء بجانبي وشربتُه وكأنَّني أغسل ذكريات الماضي المخيفة. لا أعلم ما شعوري الحالي غير شعور الخوف الذي ينتاب شرايين المخ وعضلة القلب معًا، بدأتُ بالتشكيك بقراري، هل ما فعلتُه كان صائبًا؟ كلُّ ما استغرقتُه

هو أسبوع فقط، أبلغتُ أهلي وبعض الأشخاص المقرَّبين، ثمَّ قرَّرتُ المغادرة.

لَم أختَر مكانًا أرغب في زيارته بشدَّة، بل نظرتُ إلى الطقس والطبيعة، وبناءً على ذلك اخترتُ وجهتي في الفصل الجديد مِن حياتي.نظرتُ إلى الغيوم بجانبي، وبدأتُ بالبكاء، لا أعلم ما هي النوبة التي اجتاحتني، ولكنِّي لَم أستطِع أن أتوقَّف، ولحُسن الحظِّ كان المقعد بجانبي شاغرًا لا يوجد به راكب.

كم أكره لحظات الوداع بجميع أشكالها وألوانها، أتذكَّر كيف كنتُ في أيام المدرسة عند حلول اليوم الأخير، فعلى الرغم مِن حماسنا إلى العطلة الصيفيَّة إلا إنَّني كنتُ أنهار مِن البكاء مودِّعةً صديقات الدراسة والمعلِّمات العزيزات.

أصبحتُ موقنة أنَّه أحد أساسيَّات اليوم الأخير أن يتخلَّله بكاء على شعور الاشتياق والفقد حتَّى وإن كان مؤقَّتًا، فأنا أنتظر مشاعر الشوق التي لَم تأتِ بعد، بل أستعِدُّ لاستقبالها وأنهارُ مِن البكاء. كبِرَت معي هذه العادة، ولَم أستطِع أن أتخلَّى عنها، بل أصبحت صعبة جدًّا؛ حيث إنَّني لَم أعُد طفلة يُمكنني أن أتجاوز الشعور بعد اللعب.

تذكَّرتُ أحد المواقف السابقة التي واجهَتني عندما تسلَّمتُ مشروعي الأول في العمل الأخير، التقيتُ شخصًا ما، وجمعَتني

به صداقة رائعة جدًّا، كم كنتُ أستمتع معه بالحوارات والنِّقاشات المثرية!

عندما شارف المشروع على الانتهاء تغيَّرَت شخصيَّتي بنسبة ملحوظة، مِمَّا دفعه إلى رفض أي شيء عاطفي رغم أنَّني لَم أعرض عليه شيئًا، ولكن ظنَّ أنَّني على وشك التقاط بعض المشاعر، وقد يكون صحيحًا.

أصبحَت كلماتي معه حنونة، وتحمل كثيرًا مِن مشاعر الوداع والشوق، مِمَّا أخافه ودفعه إلى الهروب.

أتذكَّر يومها أنَّني تألَّمتُ كثيرًا على النهاية سواء كانت نهاية المشروع أم نهاية الصداقة.

أحزنني كيف كنتُ عاطفية وهشَّة، أتجول في المبنى وأنا أتذكَّر اجتماعاتنا، عندما أسمع موسيقي كنَّا نشعلها أثناء عملنا، تجتاحني نوبة بكاء على شوقي له.

كنتُ أنتظر أيَّامًا لتصلَ لي رسالة أو اتِّصال منه، ولكن لَم يصِل شيء؛ فقد كان يرى أنَّنا أغلقنا المشروع وأغلق معه هذا الفصل مِن حياته، متطلِّعًا إلى فصول جديدة قادمة.

فتحتُ حقيبتي، وأخرجتُ الدفتر والقلم، قلبتُ الصفحة وكتبتُ، سأبدأ بالتخلُّص مِن مشاعر التعلُّق بالأشخاص، بالأماكن، بالكلمات.

وضعتُ القلم والدفتر بجانبي، ثمَّ أخذتُ أنفاسًا طويلة، أغلقتُ عيني، واستغرقتُ في نومة لذيذة.

أيقظَتني المضيفة لتقول لي: اربطي الحزام استعدادًا للهبوط.

وصلتُ إلى وجهتي الجديدة، أخذتُ سيارة أجرة، وأعطيتُ السائق العنوان، لقد كان بيتًا ريفيًّا يقع بالقرب مِن بحيرة، وبجانبه مركز لليوغا، نوَيتُ أن أمضي فيه أسبوعًا، ثمَّ أبحث عن مكان آخَر، ولكن يعتمد الاختيار على حالتي الشعوريَّة بعد أن أبدأ بالاسترخاء في الأرياف بحثًا عن الهدوء. وصلتُ إلى بيتي الجديد، وضعتُ حقيبتي، وبدأتُ بتأمُّل المكان والطبيعة المحيطة، قرَّرتُ أن أبدأ بالتجوُّل واستنشاق بعض الهواء الطبيعي.

خلال تجوُّلي، وبعد عشرين دقيقة توقَّفتُ فجأة، وبدأتُ أجهش بالبكاء، بكيتُ ولا أعلم لماذا أجهش بالبكاء، ولكن كلُّ ما شعرتُ به هو وجود كتلة بدأت تعلو مِن معدتي إلى أن توقَّفَت في حلقي، وشعرتُ بالغصَّة، ثمَّ أجهشتُ بالبكاء.

دقائق وأعلنَتِ السماء هطول زخَّات المطر، قمتُ بالركض والصراخ والبكاء معًا حتَّى توقَّفتُ أمام البحيرة وجلستُ أمامها.

ما زال المطر ينهمر وأنا أجلس تحته، وكأنَّني وِددتُ أن يغسل جميع الذكريات العالقة ويطهّرها.هدأت زخّات المطر، ثمَّ قمتُ كي أعود إلى بيتي، وقبل أن أضع قدمي في الخطوة الأولى تصل رسالة إلى هاتفي، فتحتُها بملل حتَّى اتَّسَع بؤبؤ عيني مِن الصدمة، قد تكون فرحة.. لا أعلم.

قرأتُ الرسالة، وعدتُ لقراءتها مرَّة أخرى ومرَّات عديدة، وعلى الرغم مِن قِصر الرسالة إلَّا إنَّها كانت: "اشتقتُ إليكِ".

انتهى

www.ingramcontent.com/pod-product-compliance
Lightning Source LLC
Chambersburg PA
CBHW030330160726
47992CB00005B/2226